Die Autorin

Magister Claudia Gäbelein, Gymnasiallehrerin und Sprachen-
dozentin, geboren 1964 in Linz, Oberösterreich, hat ein Lehramts-
studium für Englisch und Spanisch an der Universität Innsbruck
absolviert und unterrichtet seit 1991 Fremdsprachen und Deutsch
für Ausländer an verschiedenen Schulen und Instituten. Humor,
Kreativität und die Gabe zu zeichnen und zu malen wurden ihr in
die Wiege gelegt. Die Autorin hat bereits Ausstellungen organisiert,
in denen sie ihre Kohlezeichnungen, Ölbilder und Aquarelle
präsentierte.

Seit 2006 lebt sie in Bayern, Deutschland, wo sie auch an einer
Hochschule Wirtschaftsenglisch unterrichtete.
„Abenteuer Thailand" ist ihr erstes Werk
als Schriftstellerin und erzählt in Briefform
auf sehr humorvolle und lebendige Art und
Weise von ihren Erlebnissen in diesem
schönen, exotischen Land. Die tagebuch-
artigen Berichte sind mit selbstgemalten
Aquarell-Zeichnungen illustriert, wobei ihr
eigene Fotos als Vorlage dienten.

Ein „Reiseführer" der anderen Art!

Claudia Gäbelein

Abenteuer Thailand
Mailgrüße

© 2015 Claudia Gäbelein

Autor & Illustration: Claudia Gäbelein
Umschlaggestaltung: Einfallsbuero

Verlag: tredition GmbH, Hamburg
978-3-7323-1867-4 (Paperback)
978-3-7323-1868-1 (Hardcover)
978-3-7323-1869-8 (e-Book)

Printed in Germany

Bibliografische Information der Deutschen Nationalbibliothek: Die Deutsche Nationalbibliothek verzeichnet diese Publikation in der Deutschen Nationalbibliografie; detaillierte bibliografische Daten sind im Internet über http://dnb.d-nb.de abrufbar.

Vorwort:

Es begann mit einer E-Mail im Juli 2002 - in der Zeit, als ich meinen Job als Gymnasiallehrerin an den Nagel hängte. Ich war völlig ausgebrannt und nach einer längeren Regenerier-Phase offen für Neues. In Chiang Mai suchten sie dringend eine/n Englischlehrer/in, aber was habe ich in Thailand verloren? In einem christlichen Saxofon-Workshop in Oberösterreich traf ich eine Frau, die gerade „zufällig" vier Monate in Chiang Mai war und mir vorschwärmte, wie wunderbar es dort sei. Ich löste mich von meinem Vorsatz „Nie mehr Schule" und zog bei einer seelsorgerlichen Sitzung das Kärtchen mit dem Spruch: *„Wen soll ich senden, wer will mein Bote sein?"* Die Frage Gottes an Jesaja traf mich persönlich ins Herz und ich antwortete wie der Prophet (Kap.6, Vers 8): *„Ich bin bereit, Herr, sende mich."* Auch eine drei-monatige Auszeit in Hawaii und ein Gedicht von Ulrich Schaffer halfen mir bei der Selbstfindung und Neuorientierung:

„Du entscheidest auch
wer du in Zukunft sein wirst.
Aber dazu musst du auf dich achten,
musst dich suchen, finden und wieder neu suchen.
Es gibt noch Bereiche in dir,
die voller Geheimnisse sind.
In dir schlummern Kräfte,
die eingesetzt werden wollen.
Es gibt Gedanken in dir,
die sich noch verstecken
und auf ihre Zeit warten.
Die Möglichkeiten, die vor dir liegen,
sind nicht unbegrenzt.
Aber wenn du das tust,
was du begriffen hast
und was möglich ist,
wirst du dich erweitern
und das Leben führen,
das du als lebenswert empfindest."

(Ulrich Schaffer, „…weil du dein Leben entscheidest",
Kaufmann Verlag)

Lasst euch nun auf eine abenteuerliche Reise mitnehmen,
die das Leben geschrieben hat:

Hallo ihr Lieben! Oberösterreich, August 2002

Manche von euch wissen ja schon von meinem „exotischen" Jobangebot, Englisch an einer christlichen deutschen Schule namens CDSC in Thailand zu unterrichten. War zu diesem Zweck gerade im schönen Städtchen Marburg, um das Missionswerk und den Schulleiter persönlich kennenzulernen, der sich gerade zufällig drei Tage in Deutschland befand, bevor er wieder nach Thailand fuhr.

Ich war noch nie in Asien, obwohl ich sonst schon weit gereist bin. Hätte mich auch nicht so gereizt. Aber mein Interesse ist geweckt worden und viele Zeichen sprachen dafür:

Als ich in Marburg war, um Infos über die Schule einzuholen und Gott um noch ein letztes Zeichen bat, ob ich dieses Angebot annehmen soll, ging an meinem Rückweg zum Bahnhof doch glatt ein richtiger, lebendiger Elefant an einem Thai-Restaurant vorbei! Eine spektakuläre und prompte Antwort, die mich zum Lachen brachte: Ein Elefant in Marburg - Gott hat echt Humor! Der Elefant hat gemütlich Äste von einem Baum gefressen; vermutlich war er aus einem Zirkus ausgebüchst, denn ungefähr 100 Meter weiter stand ein suchender Mann mit einem Stock in der Hand. Auf der Heimreise von Marburg nach Linz las ich im Zug noch ein Buch einer Freundin, in dem der Autor von seinen besten Unterrichtserfahrungen in Thailand berichtete.

Auch bin ich für die Schulleitung sozusagen eine lebendige Gebetserhörung, weil sie schon länger eine christliche, flexible Englischlehrerin suchen, und nun haben sie eine gefunden! Wie ich später erfuhr, waren es sogar mehr als 100 Leute, die für eine/n Englischlehrer/in gebetet haben. Gestern hab ich mich dann ent-

7

schlossen, die Stelle anzunehmen, aber nicht für ein Jahr, sondern vorerst nur für ein Semester, da ich ein bisschen feige bin.

In bereits zehn Tagen geht es schon los. Habe heute den Abflug für 15.8. reserviert. Es geht zwar leider nicht nach Hawaii, aber ich glaube, dass Thailand auch eine gute Erfahrung werden kann.

Ich werde in Chiang Mai, der sogenannten „Rose des Nordens" sein, wo es noch Dschungel und Elefanten gibt. Ich bin froh und erleichtert, dass Chiang Mai nicht so hektisch und riesig wie Bangkok ist, obwohl die Stadt laut Reiseführer die letzten zwei Jahre auf das Zehnfache an Einwohnern gewachsen ist!

Aus anderen Jobangeboten in Österreich ist nicht so recht etwas geworden, aber hiermit ist eine Türe aufgegangen, was ich mir auch gewünscht hab. Die Schüler und Eltern dort haben anscheinend noch viel Respekt vor dem Lehrer - ganz anders als bei uns. Ich würde auch kleine Klassen unterrichten, was günstig ist, weil man auf die Einzelnen besser eingehen kann. Der Schulleiter meinte, ich könnte nach den sehr negativen Erfahrungen (- wie zum Beispiel Mobbing -) am Gymnasium in Österreich als „Entschädigung" gute Erfahrungen in Thailand machen. Wir werden sehen; ich bin schon gespannt.

Wer interessiert ist, dem werde ich natürlich gerne von meinen Erfahrungen dort berichten.

So, das wären die neuesten Neuigkeiten aus Linz.

Liebe Grüße

Claudia

PS 1: Der Elefant ist übrigens DAS Symbol Thailands; er ist auch Teil des Schullogos.

PS 2: Ich habe noch kurzfristig jemanden gefunden, der in der Zeit auf meine Wohnung aufpasst.

Hallo, da bin ich wieder! Thai I, 20.8.2002

Diesmal erreicht euch meine Nachricht von weiter weg; das heißt, ich bin gut in Chiang Mai gelandet. Hier sieht es ein bisschen aus wie in Jamaica und momentan ist es für hiesige Verhältnisse „kalt" hier, sagen sie; es hat nämlich „nur" 28 Grad Celsius.

Die Thais sind wirklich sehr freundlich, sowie die deutschen Kollegen und Kolleginnen an der Schule, wo ich übermorgen unterrichten werde. Man muss sehr flexibel sein: Habe heute bei der Konferenz erfahren, dass ich nicht nur Englisch, sondern auch Deutsch und Religion unterrichten soll. Und Klassenvorstand/ Klassenlehrerin bin ich auch noch, was mich alles ziemlich überfordert, da ich ja erst angekommen bin.

Ich wohne hier neben einer Leprastation auf Mc. Kaine und vielleicht krieg ich auch bald so ein lautes Moped, um damit in die Schule zu gelangen. Muss mich dann an das links Fahren und den sonstigen etwas „kriminellen" Fahrstil der Thais gewöhnen. Flinke Mopeds gehören hier zum Alltag und sind das beliebteste Fortbewegungsmittel der Thais.

Viele Grüße

Claudia

PS: Die Nächte sind hier äußerst idyllisch: Hunde heulen, Frösche quaken, Grillen zirpen nicht nur, sondern kreischen fast so laut wie mein Papagei Lola, der jetzt ein halbes Jahr bei meinen Eltern zwitschert. Konnte in meiner ersten Nacht nur mit Ohropax einschlafen.

Noch ein PS: Hier funktioniert nicht alles so reibungslos wie bei uns zu Hause: Das Licht muss zum Beispiel immer erst „überlegen", ob es sich einschalten will oder nicht!

Sawadikha! Thai 2, 23.8.

Na, was sagt ihr? „Sawadi" ist mein erstes thailändisches Wort und bedeutet „hallo"- wie ihr richtig vermutet habt. Leider verstehe ich außer „sawadikha" noch kein Wort; aber wenn ich „khaaaa" sage, kann ich nicht falsch liegen, denn das sagt die Frau nach jedem Satz und der Mann sagt „krab". Außerdem faltet man beim Gruß die Hände, was sehr respektvoll aussieht.

Nun, man kann sich hier lauter mehr oder weniger angenehmer Eindrücke nicht erwehren: In der Nähe meines Wohnsitzes stehen einige Slumartige Hütten, wogegen unsere Substandard-Unterbringung noch ein „Luxus-Schuppen" ist. Auch fahren die Thais oft zu viert auf einem Moped (siehe Bild), überall sind der thailändische König und ein buddhistischer Tempel zu sehen und außerdem regnet es ständig. Wir befinden uns gerade in der Regenzeit, die normalerweise bis Ende September dauert; also kein Grund neidisch zu werden, was das Wetter betrifft!

Ich habe nun schon eine Woche Unterricht hinter mir und auch das ist ein Riesenabenteuer, da ich Volksschule, Hauptschule,

Gymnasium; Englisch, Deutsch und Religion und zwei Klassen-stufen in einer Klasse unterrichten darf!

Immer flexibel bleiben, heißt die Devise und mit dem nötigen Gottvertrauen geht alles. ER hat mich ja schließlich hierher geschickt! Als ich neulich die „Überforderungskrise" bekommen habe, las ich am Abend noch in einem christlichen Buch, wo für diesen Tag Folgendes stand: „Zweifeln Sie nicht! Sie sind genau an dem Ort, an dem Sie jetzt sein sollen!" Tja, Gott hat also wieder gesprochen. Das war sehr ermutigend für mich. Außerdem sind die Schüler und Kollegen an der Schule sehr nett und hilfsbereit. Es gibt sogar Thai-deutsche Gottesdienste hier. Die Mehrheit der Thais sind Buddhisten, aber es gibt auch ein paar Christen hier und Moslems im Süden.

Das Essen in Thailand ist sehr schmackhaft; genau meine Wellenlänge: Viel Fisch, Hähnchen und Chili. Recht scharf, aber köstlich. Bis jetzt hatte ich noch keine „Verdauungsprobleme", obwohl ich schon fleißig an originalen Thai-Essensständen geschmaust habe. Glücklicherweise holte mich nicht die „Rache Montezumas" ein, wie damals in Mexiko!

Freue mich, wieder von euch zu hören.

Danke für eure netten Mails.

Adiós

Claudia

Moped fahren in Chiang Mai

Hallo ihr Lieben! **Thai 3, 27.8.**

Gestern machte ich Bekanntschaft mit einer echt thailändischen, giftgrünen Schlange hinter dem Haus. Das war vielleicht ein Erlebnis! Sie hat sich allerdings mehr vor mir gefürchtet als ich vor ihr, da sie bei meinem Anblick hurtig entschwunden ist. Die ersten Kakerlaken waren auch schon auf dem Badezimmerschrank und es gibt Ameisen im Bettchen. Da es Ameisen in allen Größen gibt, befinden sich diese eigentlich überall. Sogar in der Zuckerdose.

Trotz der tierischen Erlebnisse habe ich mich schon recht gut in meiner neuen Behausung und in der Schule eingelebt.

Die Klasse, in der ich Klassenvorstand bzw. Klassenlehrerin bin, ist sehr lieb und ich betrachte mich eher als ihre „Klassenmama". Bin über diesen Umstand sehr froh, da ich sie zwölf Stunden in der Woche unterrichten muss. Das Niveau ist zwar nicht ganz so hoch wie am Gymnasium, an dem ich zuvor unterrichtet habe, dafür sind die Schüler sehr „pflegeleicht" und haben tatsächlich noch Respekt vor dem Lehrer. Eine heilsame Erfahrung für mich!

Meine Wohnungskollegin, eine 60-jährige Erzieherin und ich haben gestern das Schwimmbad in der Nähe ausprobiert. Das Wasser war zwar etwas trüb, aber sonst war die Abkühlung - trotz der „kühlen" Jahreszeit - eine Wohltat.

Heute war ich bei einem deutsch-österreichischen Ehepaar zum Essen eingeladen und es gab keinen Reis, sondern ein echtes, delikates Wiener Schnitzel. Und das in Thailand! Neulich sagte ich auch zu meiner Wohnungskollegin, dass ein „echtes" Brot wieder mal schön wäre. Da es hier nur Weißbrot-Toast oder Reis gibt, vermissen wir das gute alte Schwarz- oder Vollkornbrot. Am selben Abend noch klingelt es an der Tür und die Mutter einer Schülerin bringt uns ein selbstgebackenes Vollkornbrot als Geschenk vorbei.

Ich war überwältigt!

Soviel für heute.

Liebe Grüße

Claudia

Sawadikhaaa, meine lieben Freunde! Thai 4, 30.8.

Heute habe ich mein Miet-Moped ausprobiert und dabei manchmal vergessen, dass ich ja links fahren muss. In den kriminellen Stadtverkehr wage ich mich aber noch nicht. Der Thai-Führerschein wird ja schon nach zwei Stunden Verkehrszeicheneinführung und für die Praxis einmal einparken ausgehändigt. Und dementsprechend fahren sie auch!

Gestern war es recht dramatisch; wir wären schon fast evakuiert worden. Der Fluss durch die Stadt steigt ständig und das Flut-Wasser aus China könnte uns bald erreichen! Wir haben gebetet, dass Gott die Flut stoppt, was er bis jetzt auch getan hat. Vor fünf Jahren stand das Wasser immerhin 70 cm in der Wohnung. Wir fanden dann auch noch ein Kärtchen in der Wohnung liegen, wo stand: „Jesus sagt: ‚Habt nur Mut; ich bin bei euch.'" Das war wieder sehr tröstlich, da ich auch etwas besorgt an das Hochwasser bei uns in Österreich denken musste.

Nun, das Wochenende naht und meine Schüler sind immer noch

lieb - bis auf zwei Fälle mit ADS (Aufmerksamkeitsdefizitsyndrom). Die Schule CDSC ist ja sehr klein und familiär; circa ein Zehntel des Gymnasiums, an dem ich zuvor unterrichtet habe. Es sind also nur 75 Schüler, von denen ich fast alle unterrichte. Die einzelnen Klassen sind mit ungefähr fünf bis zehn Schülern auch gut überschaubar; nur eine Englisch-Klasse muss ich teilen. Das bedeutet, dass ich beim Unterricht hin und her gehen oder eine Stillbeschäftigung für die andere Gruppe bereitstellen muss. Dazu bekam ich Verstärkung von einer Kollegin.

Meine Wohnungskollegin hat es inzwischen mit einem Darmvirus niedergestreckt; ich bin Gott sei Dank verschont geblieben.

Ich denke an euch.

LG

Claudia

Nordthailändische „Küche"/Kochstelle

Habe mich zwar überraschend gut in Thailand eingelebt, aber hier ist sogar das alltägliche Leben anstrengend. Man kämpft gegen feuchte Hitze, eine nicht funktionierende Waschmaschine, weil die Termiten den Schlauch angefressen haben, einen ausrinnenden Kühlschrank, eine handgroße Spinne neben der Türe, usw. Dann wollte ich heute mit meiner neuen Errungenschaft, dem Leihmoped in die Schule fahren, aber es ließ sich leider bei dem nassen Wetter nicht starten. Nach erfolglosen Versuchen des Kickens (Kickstarter), hat es mich auch noch in den Matsch geschmissen. In der Nacht gab es so ein starkes Gewitter, dass es mich trotz Ohropax aus dem Bett „gehoben" hat, weil der Donner ohrenbetäubend war. Wenn es dunkel wird ab 19.00, sollte man auf keinem Zweirad mehr unterwegs sein, wenn man nicht als Hundefutter für die vielen streunenden Hunde hier enden möchte. Immerhin soll jeder dritte Hund Tollwut haben, wie man mir heute mitteilte, als ich im Krankenhaus bei einer Impfung war.

Übrigens, nicht nur auf der Bibelschule in Hawaii, sondern auch in Thailand sind offiziell Bikinis verboten, zumindest, wenn man nicht angestarrt werden will. Dafür gibt es nette Badeanzüge mit integriertem Röckchen.

Die Märkte und Basare sind auch ein Erlebnis für sich; man kann dort zum Beispiel gegrillte Raupen oder lebendige Aale kaufen.

Das Unterrichten macht mir Freude, besonders weil die Kollegen und Schüler sehr zuvorkommend sind. Der Schulleiter persönlich trägt mir manchmal sogar den CD-Kassettenrecorder, den ich für den Sprachunterricht benutze. Ich bekomme sogar Lob und werde geschätzt für die Arbeit, die ich hier leiste. Unglaublich, aber wahr! Da es eine christliche Schule ist, ist es auch erwünscht, jeden Morgen vor dem Unterricht um 7.40 mit den Schülern zu beten. Das finde ich gut, denn so beginnt man den Tag viel bewusster. Wenn die Schüler ein Anliegen haben, bringen wir es gemeinsam vor Gott. Hier ist der Lehrer kein Feindbild, wie bei uns zu Hause. Die meisten Schüler sind Deutsche oder halb Deutsch, halb Thai. Der Vater ist Deutscher und die Mutter ist Thai.

Für einen Sprachkurs habe ich leider keine Zeit und auch keine Energien mehr. Meine neuen Kolleginnen aus der Schweiz und aus Deutschland sind erst Anfang 20 und wagen gerade einen Thai-Kurs. Wahrscheinlich, weil wir neulich in einem Einheimischen-Restaurant waren, in dem die Speisekarte nur aus Hieroglyphenartiger Thai-Schrift bestand. Alleine die Einführung in die verschiedenen Sprachmelodien dauert mehrere Tage.

Ich bin gerne in Thailand - trotz „Kulturstress" und hier kann ich mein Motto für das Jahr 2002 am besten praktizieren: Gelassenheit und Gottvertrauen üben!

Bin in Gedanken bei euch und bis zum nächsten Mail.

Claudia

PS: Ich kann hier nur ein bis zwei Mal pro Woche in meine Mails schauen; entweder in einem Internet-Café oder bei Kollegen, die einen Computer haben.

Vor zwei Tagen hatten wir einen etwas ausgiebigeren Stromausfall am Abend. Nun wissen wir wenigstens, welche Taschenlampe funktioniert und welche nicht. Bin dann früher schlafen gegangen.

Mein Moped habe ich vorerst einmal weitergeborgt. Und neulich hat mich ein wilder Hund verfolgt und ich konnte mich nur knapp ins Haus retten! Das Wasser steigt übrigens auch ständig seit gestern, deswegen haben meine Kollegin und ich woanders übernachtet, wo es trockener und sicherer ist. Gerade war meine halbe Klasse krank, die Bronchitis-Welle hat mich aber glücklicherweise nicht erwischt.

Und vor kurzem sind wir in einem riesigen Shopping-Center im falschen Lift gelandet und somit auch im falschen Treppenhaus, aus dem wir nicht mehr! Wir haben aber doch noch eine Dachluke gefunden, aus der wir uns retten konnten. Und wenn dann auch noch das Auto zugeparkt ist, schiebt man es einfach zur Seite bzw. die Autos nebenan. Aus diesem Grunde zieht man in Thailand nicht die Handbremse, was ich ziemlich amüsant finde.

Ihr seht also, mir wird nie langweilig hier und trotz der „Actionreichen" Tage hier, fühle ich mich sehr beschützt. Bis jetzt bin ich vor Krankheit, Hundebissen und Unfällen bewahrt geblieben, was in Thailand keine Selbstverständlichkeit ist. Was mir manchmal schon zu schaffen macht, ist diese Abhängigkeit: kein Auto, kein Handy, keine (funktionierende) Waschmaschine, kein (eigener) Computer und trotzdem findet sich immer eine Lösung.

Trotz diverser Kulturschocks erinnert mich Thailand manchmal ans Schlaraffenland: Gleich neben unserem Haus wachsen Bananen, Zitronen, Papayas und andere mir zum Teil unbekannte tropische Früchte aus denen ich mir fast jeden Tag einen leckeren Obstsalat zaubere. Außerdem kann man hier an jedem Stand günstig essen gehen. Ein Mittagessen kostet meist nur 25 Baht, das sind umgerechnet 50 Cent oder 7 Schilling. An der Schule, die übrigens recht idyllisch neben Reisfeldern, Palmen und Geckos liegt, gibt es auch eine Art Mensa mit typischem Thai-Essen. Das Wiener Schnitzerl bekam ich allerdings von meiner Kollegin, einer Claudia aus Linz. Kein Scherz, es gibt hier noch eine Claudia aus Linz! Als ich neulich mit ihrem blonden Kleinen durch ein Einkaufszentrum ging, flippten die Thais aus vor Begeisterung. Sie sind sehr kinderliebend und finden blonde Kleinkinder extrem spannend.

So, jetzt seid ihr wieder auf dem neuesten Stand.

Herzliche Grüße

Claudia

PS 1: Hier überleben die europäischen Uhren nicht. Habe mir schon eine thailändische Uhr für umgerechnet fünf Euro gekauft und hoffe, sie hält ein halbes Jahr.

PS 2: Was auch noch interessant ist, sind die „Geisterhäuschen" hier vor jedem Haus, die ein bisschen wie große geschmückte Vogelhäuschen aussehen. Damit wollen die Thais die bösen Geister vertreiben oder fernhalten.

Befinde mich immer noch in recht tierischer Umgebung: Hinter der Schule haben Kinder eine Riesenschlange gefunden, die anschließend gegrillt und verspeist wurde und einer meiner Thai-Schüler sammelt Hirschkäfer, während sich ein anderer auf Spinnen spezialisiert hat. Diese bringen sie ganz stolz in den Unterricht mit! Und die Ameisen befinden sich nun auch im Kühlschrank! Des Nachts gibt es noch weitere tierische Einlagen: Neben dem nächtlichen Frosch- und Hunde-Konzert gibt es auch noch Hahn-Konzerte. Die erste Aufführung beginnt um halb 3.00 (in der Früh, nicht nachmittags), die nächste um circa 5.00 und das übliche dritte Konzert beginnt um 6.00. Das macht aber nichts, da ich um 6.00 sowieso aufstehen muss und ich mit Ohrstöpsel die Lautstärke abdämpfen kann.

Apropos Tiere: Von artgerechter Tierhaltung verstehen die Thais nicht viel: Man sieht zum Beispiel im Kaufhaus oder am Markt Stapel von zusammengebundenen lebenden Krabben, anderes Getier in kleinen Plastiksäckchen oder halb krepierende Fische in viel zu kleinen Behältern mit nur so viel bzw. so wenig Wasser, dass sie gerade noch am Leben und somit frisch bleiben. Auch werden oft süße Hundebabys zum Verkauf angeboten, zusammengepfercht in engen Käfigen, alleine gelassen. Auch (nicht streunende) Hunde oder Elefanten sind meist eng mit kurzen Ketten angebunden. Da schmerzt mein tierliebendes Herz.

Allerdings machen die wunderschöne Natur und die freundlichen, hilfsbereiten Thais alles wieder wett. Wenn man zu Fuß gehen möchte, wird man augenblicklich von einem freundlichen Moped- oder Autofahrer aufgelesen und mitgenommen. (- ob man möchte oder nicht, denn zu Fuß gehen wird hier als absurd angesehen.)

Unsere Schweizer Kollegin bekam nun für ein Jahr ein Auto zur Verfügung gestellt und da dürfen wir auch „mit-naschen", das heißt mitfahren. Am Wochenende haben wir gleich einen Ausflug in die Pampa unternommen, verbunden mit einer kleinen Wanderung im Nationalpark. Als wir noch ein anderes Plätzchen per Auto erkunden wollten, wurde die Straße plötzlich extrem steil und hörte dann ganz auf. So mussten wir unsere abenteuerliche Fahrt abrupt beenden. Das Autofahren ist hier überall sehr gewöhnungsbedürftig. Nicht nur die Fahrbahn ist für uns Nicht-Briten auf der falschen Seite, sondern auch der Blinker. So erwischt man meist den Scheibenwischer statt des Blinkers und manchmal erwischt man eines der vielen Schlaglöcher! Und auch wenn man brav links fährt, kommt einem bald ein Geisterfahrer in Form eines überholenden Autos oder eines falsch fahrenden Mopeds entgegen! Wenn möglich, hüte man sich vor Unfällen und sollte es doch soweit kommen, muss man als Ausländer immer zahlen, ob schuldig oder nicht. Das ist insofern logisch, da der Ausländer (=„Farang") grundsätzlich mehr Geld hat!

In meiner Kultureinführung habe ich gelesen, dass man beim Kulturschock zwischen Entsetzen und Begeisterung hin und her schwankt. Gut getroffen, denn so geht es mir schon seit meiner Ankunft. Jeder Tag ist ein Abenteuer und die Devise lautet:
„MAI PEN RAI" (oder lai, denn r wird wie l ausgesprochen und umgekehrt). Das ist eine thailändische Lebenshaltung und bedeutet so viel wie „alles okay, nur nicht aufregen" und auf gut österreichisch oder bayerisch: „Passt schon!"

Wegen der bereits erwähnten Hochwassergefahr war ich letzte Woche bei meinen Kolleginnen einquartiert und genoss die WG dort. Die Gefahr ist nun vorüber und das Wasser kam nur bis zum Haus, aber nicht ins Haus hinein! Ein paar andere Häuser hat es zwar erwischt; die Thais sind allerdings daran gewöhnt, hab ich mir sagen lassen. Die letzten Tage hatten wir keinen Regen mehr und der Damm konnte geschlossen werden. Trotzdem sind Plastikschuhe und Regenschirm angesagt. Der Schirm dient auch gleichzeitig als „Waffe" gegen die streunenden Hunde!

Es ist schön, nie eine dicke Jacke zu benötigen. Am Weg frühmorgens in die Schule ist es zwar noch ziemlich frisch; aber ihr wisst ja, die Durchschnittstemperatur beträgt 30 Grad und im Winter „sackt" sie manchmal auf 28 Grad herunter! Bei diesen Temperaturen hab ich allerdings schon Thais in gepolsterten Daunenjacken beobachtet!

Liebe Grüße aus dem „Land des Lächelns".

Eure ebenfalls schon lächelnde Claudia ☺

Hallo ihr Lieben!   Thai 8, Oktober 2002

Herzlichen Dank für eure Mails. Freu mich, von euch zu hören!

Sicherlich wartet ihr schon auf Neuigkeiten aus „Amazing Thailand", wie die Amerikaner hier sagen. "Amazing" heißt ja bekanntlich erstaunlich. Und hier sind sie auch schon:

Am Wochenende hat mich meine Kusine aus Kalifornien mit ihrem Mann besucht. Sie waren gerade auf einer Asientour. Wir hatten eine Superzeit zusammen. Zuerst waren wir Elefantenreiten - na, das war ein Abenteuer! Anschließend waren wir auf dem höchsten Berg Thailands, dem „Doi Inthanon", etwa 2565m hoch, wo es einen wunderschönen Wasserfall und zwei bunte Riesentempel gibt: einen für den König und einen für die Königin! Soweit ich weiß, dienen diese als ihre zukünftige Grabstätte. Wir waren auch in einem wunderbaren Thai-Restaurant, wo man Thai-typisch am Boden sitzt beim Essen. Dabei durften wir ein paar anmutige Tänze bestaunen. Mit dem Tuk Tuk rasten wir in Windeseile zum Hotel zurück. Ein Tuk Tuk ist übrigens ein motorisiertes, seitlich offenes Dreirad, das meist als Taxi dient. Wie wir im Rückspiegel sehen konnten, amüsierte sich unser Tuk Tuk-Fahrer köstlich über unsere angsterfüllten Gesichter (siehe Bild). Ich durfte dann noch den Swimmingpool vom Hotel mit genießen. Dieser hatte nämlich sauberes Wasser; im Gegensatz zu dem Schwimmbad bei unserem Haus, das schon Algen ansetzt und man den Grund nicht mehr sieht. Außerdem bekommt man als Blondine grüne Haare von den Chemikalien. Montagfrüh haben die beiden wieder ihre Heimreise angetreten.

Vor ein paar Tagen bin ich in ein Haus gezogen, das näher bei den Kollegen und auch viel schöner ist. Es gibt hier nicht so viele laute Tiere, dafür laute Nachbarn! Der Umzug ging an einem Nachmittag vor sich, weil uns viele hilfsbereite Thais aus der Kirche geholfen haben. Wir haben super rosa Vorhänge - die Thais lieben pink. Meine Wohnungskollegin fährt in ein paar Tagen nach Hause. Sie hat die Kindergartenkinder betreut und heute kommt ihre Nachfolgerin an. Dann muss ich mich von einer 60-jährigen auf eine 19-jährige Mitbewohnerin umstellen! Gestern hab ich mich in unserer neuen Wohnung geduscht. An sich nichts Besonderes, aber als ich das Wasser abdrehen wollte, hatte ich Pech, denn es floss und floss. In der vorigen Wohnung hätten wir ja auch bald eine Überschwemmung gehabt; allerdings nicht von der Dusche sondern vom Fluss, der durch die Regenfälle übergegangen war. Inzwischen ist die Dusche wieder repariert. Man muss sich hier damit abfinden, dass ständig etwas kaputt geht oder, dass man

Tuk Tuk von innen; Fahrer von hinten
PS: Man betrachte sein schallendes Lachen im Rückspiegel.

zum Beispiel mal eine ganze Woche kein Wasser zum Trinken geliefert bekommt oder dass Strom und Wasser einen ganzen Tag ausfallen. Aber ihr kennt ja die Devise: „Mai pen rai"!

Außerdem ist es für mich schön zu erleben, wie Gott für alles sorgt und sich die Probleme wieder in Wohlgefallen (auf)lösen. Hier lernt man Gottes Güte noch mehr kennen, denn ER macht aus jeder Situation das Beste! Noch ein kleines Beispiel dazu: Ich fahre Sonntagmorgen mit einer Kollegin mit dem Moped zum Gottesdienst. Am Weg dorthin haben wir einen Platten- und zwar genau gegenüber von einer Reparaturwerkstätte! In zehn Minuten konnten wir wieder weiterfahren und kamen sogar noch pünktlich an.

Und das führt auch schon zum nächsten Thema: Moped.
Seit ungefähr zwei bis drei Wochen ist die Regenzeit vorbei und ich habe mir mein ausgeborgtes Moped wieder ausgeborgt. Inzwischen wage ich mich sogar schon in den stressig-chaotischen Stadtverkehr. Immerhin bin ich ja bereits - ihr werdet es nicht glauben - Besitzerin eines thailändischen Motorrad-Führerscheins! Die Thais sind extrem bürokratisch und am Passfoto darf man nicht lächeln, sonst wird es nicht akzeptiert. Ich denke, dies ist die einzige Situation in Thailand, wo man nicht lächeln darf im Land des Lächelns. Für den Führerschein benötigten wir also ein Gesundheitszeugnis, einige Papiere, eine Stunde Vortrag auf Thai (ohne Übersetzung) und ein Skriptum mit den Fragen (auf Englisch). Habe bravourös alle 20 Fragen beantwortet und war sogar als Erste fertig. Die Thais haben mich dafür bewundert. Für den praktischen Teil musste man eine Runde ums Haus fahren - mit dem eigenen Moped. Für die Gesundheitsuntersuchung hat mir die Ärztin kurz ins Auge geschaut, mich abgewogen, und bei den Waden gegriffen - wahrscheinlich um zu schauen, ob sie stark

genug für den Kickstarter des Mopeds sind. Und daraufhin hat sie mir ein positives Gesundheitszeugnis ausgestellt. Echt lustig: Man wird hier immer abgewogen, auch wenn man nur zur Impfung geht. Der Straßenverkehr ist ein Abenteuer für sich, wie schon berichtet. Jedenfalls kann man hier den im österreichischen Straßenverkehrsordnungsgesetz verankerten Vertrauensgrundsatz vergessen, dafür braucht man aber viel Gottvertrauen, dass er einen schützt und viele kräftige Schutzengel mitschickt!

Beim Unterrichten geht es mir nach wie vor sehr gut. Meine zwei verhaltensauffälligen Schüler hab ich inzwischen auch im Griff. Die Schüler sind so nett, dass ich es manchmal immer noch nicht glauben kann.

Zum Schluss noch eine kleine Ergänzung zu den Tierchen, die man am Markt kaufen kann: Neulich sah ich halbgegrillte Kakerlaken, die sich noch in der Plastiktüte bewegten, gegrillte Kröten oder Frösche im Ganzen und noch ein paar eher undefinierbare Dinger/Insekten. Spannend.

In diesem Sinne wünsche ich euch Gottes Segen.

Sawadikha (heißt praktischerweise auch tschüss oder ciao)

Claudia

P.S.: Und hier noch eine Veranschaulichung des Straßenverkehrs in Thailand, wobei mir das deutsche Rechtswörterbuch die Grundlage zu meinen erstellten Paragraphen lieferte:

§1: Nach dem Vertrauensgrundsatz darf derjenige, der selbst verkehrsgerecht handelt, in Thailand grundsätzlich nicht darauf vertrauen, dass andere sich auch verkehrsgerecht verhalten.

§2: Die Verkehrsteilnehmer/innen haben sich rücksichtslos, verantwortungslos und chaotisch zu verhalten um Gefahren, Schäden und Unfälle zu verursachen.

§3: Bei der Straßenbenutzung durch jegliche Art von Fahrzeugen ist insbesondere zu beachten, dass in Thailand trotz Linksverkehr gerne auf der rechten Seite gefahren wird und der Seitenstreifen ebenfalls als Fahrbahn gilt.

§4: Der Fahrzeugbenutzer muss die Geschwindigkeiten weder seinem Können, noch seinem Zustand, noch den gegebenen Wetterverhältnissen anpassen. Die Richtgeschwindigkeit beträgt innerhalb und außerhalb eines Ortes und auf den Autobahnen („highways") so viele km/h wie möglich und man fährt, was das Moped hergibt.

§5: Es wird rechts oder links überholt und man bleibt am besten so lange wie möglich auf der Überholspur, um den entgegenkommenden Fahrer zu schockieren.

§6: Die Vorfahrt hat der Schnellere und der Stärkere. Das Betätigen der Lichthupe heißt nicht, dem anderen Fahrer die Vorfahrt zu lassen, sondern bedeutet: „Achtung, weg da, jetzt komm ich!"

§7: Beim normalerweise einzuhaltenden Abstand zu den vielen nebenher oder vorausfahrenden Motorrädern, ist darauf zu achten, dass man so wenig Abstand wie möglich einhält und bei einer Vollbremsung dem Nächsten auffährt.

§8: Beim Abbiegen, Rückwärtsfahren oder Wenden (=den berühmt berüchtigten "U-Turns") kann man als Geisterfahrer fungieren und sollte zuvor auch keinen Blinker verwenden, um ein Abbiegen anzuzeigen. Handzeichen sind allerdings schon akzeptiert.

§9: Verkehrsschilder und Ampeln gelten als Vorschläge und können individuell beachtet oder missachtet werden.

§10: Und Stopp! (siehe Bild)

Noch ein P.S. bezüglich Visum: Bald hätte ich nächste Woche nach Laos fahren müssen für die Visumsverlängerung:
12 Stunden mit dem Bus. Gott sei Dank hat sich nun herausgestellt, dass das nicht nötig ist. Aber über eine Grenze muss ich trotzdem. Myanmar oder Malaysia stehen zur Auswahl. Möchte zu diesem Zwecke nächste Woche in den Herbstferien in den Süden Thailands fliegen und dort ein paar schöne Inseln erforschen.

Thailändische Stopptafel

Sawadikha! Thai 9, Oktober 2002

Ich hatte mal in Erwägung gezogen, nächstes Schuljahr wieder an der CDSC zu unterrichten. Aber gestern hab ich erfahren, dass sich ein pensioniertes Ehepaar für die Stelle beworben hat, die sie auch kriegen wird, da die beiden für ein Taschengeld arbeiten werden. Ich weiß also nicht, wie es weitergehen wird, wenn ich ab Februar wieder zurück sein werde. Aber ich vertraue auf Gottes Führung. Ein Elefant vor einem Thai-Restaurant wird es dann vermutlich keiner mehr sein.

Ich bin gerade braungebrannt von meiner Inseltour zurück gekommen nach einer herrlichen Woche Herbstferien im Süden. Es war paradiesisch schön: Die Inselwelt im Süden Thailands macht Hawaii ernsthafte Konkurrenz! Weißer Sandstrand, glasklares türkises Wasser, riesige Kalkfelsen, die aus dem Meer ragen. Ihr kennt bestimmt den berühmten James Bond-Felsen, der sich auch in dieser Gegend befindet. Schnorcheln war ich ebenfalls: Da hab ich zwar keinen Humuhumunukunukuapua´a gesehen (ihr wisst ja; den Nationalfisch von Hawaii), aber dafür lila Korallen, eine Riesen-Auster und unglaublich bunte Fische. Einer, der mich besonders beeindruckt hat, hatte rosa-himmelblaue Lippen!

Einmal begab ich mich auf eine Kanu-Tour durch einen Mangroven-Dschungel, wo ich meinen ersten wild lebenden Affen gesehen habe! Er hat sich extra für ein Foto in Pose geschmissen!

Der Urlaub hat mir gut getan, aber ich hab mich sogar wieder auf die Schule, Schüler und Kollegen gefreut. Könnt ihr euch das vorstellen?

Ich denke an euch, Claudia

Wilder Affe Südthailand

Hallo ihr zu Hause!   Thai 10, November 2002

Wie geht`s euch denn?

Ich war letztes Wochenende mit einer Kollegin an der nördlichsten Stadt Thailands, Mae Sai, an der Grenze zu Myanmar (Burma). In diesem Zusammenhang möchte ich mich gleich mal bei euch bedanken, die ihr für mich um Schutz für die Fahrt zur Grenze gebetet habt. Die Gebete sind erhört worden und ich bin wieder heil zurück, was absolut nicht selbstverständlich ist! Der Busfahrer hat eine Rekordzeit hingelegt und grundsätzlich alle überholt, egal ob Gegenverkehr war oder nicht. Wir hätten zweimal beinahe einen Unfall gehabt und zwei Unfälle haben wir unterwegs gesehen! Aber Gott sei Dank ist alles gut gegangen. Wir mussten bei Mae Sai über die Grenze gehen, damit unser Visum wieder für drei Monate verlängert wird.

Myanmar ist viel ärmer als Thailand und man wird sofort angebettelt, sobald man über die Brücke geht und somit Myanmar erreicht hat. Wir sind dann noch zum berühmten „Goldenen Dreieck" gefahren, das Dreiländereck: Thailand-Laos-Myanmar. Das Goldene Dreieck war früher berühmt-berüchtigt für seine Mohnblumenfelder, genauer gesagt für die Opiumherstellung. Jetzt erinnert nur mehr das Opium-Museum an diese Zeit. Mit einem Schnell-Boot sind wir dann - eben schnell - alle drei Länder abgefahren. Man darf seit kurzem sogar seinen Fuß auf Laos setzen, was früher verboten war. Und die Grenze zu Myanmar war die letzten zwei Monate gesperrt, weil es dort immer wieder zu Kämpfen mit Rebellen gekommen ist. Aber jetzt ist alles wieder ruhig.

Wie schon berichtet, fällt ja immer wieder der Strom aus.

Neulich hatten wir einen Rekord im Stromausfall aufgestellt: Drei Tage; davon zwei Tage lang, weil die Vormieter unseres neuen Hauses die Stromrechnung noch nicht bezahlt hatten! Aber wir haben jetzt endlich eine funktionierende Waschmaschine und sogar einen Staubsauger im Haus. Radio und TV haben wir natürlich noch immer nicht, aber da können wir ja beim Nachbarn mithören. Dummerweise hören sie nicht nur extrem laut, sondern auch auf Thai. Ihr seht, schon wieder gilt: „Mai pen rai". Das ist übrigens der einzige Satz auf Thai, den ich fehlerlos beherrsche. Man könnte allerdings auch wie die Hawaiianer sagen: "Hang loose" und: „Mach dir keine Sorgen, denn der Herrgott sorgt ja für uns!"

Neulich hat mich übrigens meine Kusine gefragt, ob ich Heimweh hab. Komischerweise gar nicht, obwohl ihr mir schon abgeht und ich mich auf ein Wiedersehen mit euch allen freue! Aber eigentlich würde ich gerne noch länger bleiben. Da meine Nachfolger schon feststehen, werde ich wohl nicht verlängern können. Es geht mir echt so gut hier wie schon lange nicht mehr. Auch das warme Klima tut mir gut. Und immerhin haben mich bis jetzt weder eine Schlange, noch ein Hund, noch eine Spinne, noch ein Moskito gebissen. Ihr dürft gerne weiter für mich beten, dass das auch in Zukunft so bleibt.

Ich nehme mir auch weiterhin den Psalm aus der Bibel zu Herzen, wo steht: „Wer unter dem Schutz des höchsten Gottes lebt und bleibt bei Ihm, der alle Macht hat, der sagt zum Herrn: Du bist meine Zuflucht, bei dir bin ich sicher wie in einer Burg. Mein Gott, ich vertraue dir! Du kannst dich drauf verlassen: der Herr wird dich retten vor den Fallen, die man dir stellt, vor Verrat und Verleumdung. Er breitet Seine Flügel über dich, ganz nahe bei Ihm bist du geborgen. Wie Schild und Schutzwall deckt dich Seine Treue. Du musst keine Angst mehr haben." (Psalm 91,1-5)

Mit diesen aufbauenden Worten aus der Bibel wünsche ich euch Gottes Segen.

Bussi

Claudia

Frau mit Reisschüssel Nordthailand

Manche von euch wissen es schon:

Es hat sich gerade etwas Neues ergeben. Mein Schulleiter hat mich gefragt, ob ich nächstes Semester noch an der Schule bleiben möchte, da eine Kollegin aus gesundheitlichen Gründen überraschend ab Februar weg muss. Jetzt brauchen sie mich an der Schule. Da ich gerne bleiben wollte, hab ich zugesagt. Meine Schüler, Kollegen und Wohnungskollegin haben sich auch gefreut. Das heißt also: ich bleibe noch bis 26.6.03 in Thailand!

Letzte Woche hatte ich die Bronchitis und meine Wohnungskollegin die „Kotzitis" und so haben wir im Duett das Bett gehütet. Naja, bei der „Kältewelle" von letzter Woche hat es ja viele erwischt. Stellt euch vor: Wir hatten nur geschlagene 23 Grad.

Vor circa zwei Wochen gab es hier ein Fest namens Loi Krathong, so ähnlich wie bei uns Silvester. Mit einem Schlag waren wir von Feuerwerken und Krachern umgeben; die Stadt war drei Tage lang auf den Beinen, der Himmel war voller Laternen und der Fluss voller Lichter. Die Thais lassen dann unzählige Lichterlaternen durch die Lüfte schweben und wunderschöne Blumengestecke mit Kerzen flussabwärts treiben und glauben, dass sie somit ihre Sünden loswerden können. Ein schöner Brauch! Wenn ich Thai könnte, hätte ich ihnen gerne gesagt, dass es einen gibt, der unsere Sünden vergibt (wenn wir Ihn darum bitten) und der heißt Jesus, dessen Geburtstag wir ja auch heuer wieder feiern. Es ist sogar teilweise weihnachtlich hier, nur der Schnee fehlt.

An der Schule werden wir einen Weihnachtsgottesdienst haben und mit unseren Kids ein Musical aufführen. Wahrscheinlich gehe ich auch mit ein paar Kollegen noch in ein Waisenheim, um mit den Kindern dort zu feiern und Weihnachtslieder zu singen. Unser Schulleiter schrieb übrigens Folgendes in seinem Rundbrief:

„... der Grund für alles Feiern und sich Freuen: Christus ist als das Licht in die Welt gekommen, um uns Menschen aus der Verlorenheit zu befreien und Perspektiven für die Zukunft zu öffnen. In einer Zeit wachsender Kriegsgefahr und zunehmender Gewalt sollen wir daran erinnert werden, dass Gott aus Liebe zu uns seinen Sohn in die Welt gesandt hat, um uns Frieden zu bringen. Ich wünsche, dass dieser Friede in alle Herzen dringt und unsere Gedanken zum Guten leitet, damit Not und Verzweiflung auf dieser Welt ein Ende finden. Christus ist unsere Hoffnung und unsere Zukunft."

Ich hätte es nicht schöner formulieren können.

In diesem Sinne wünsche ich euch ein gesegnetes Weihnachtsfest und ein gutes Neues Jahr!

Viele Bussis

Eure Claudia

PS: Um meine Bronchien wieder zu regenerieren, werde ich in ungefähr zehn Tagen mit einer Kollegin für eine Woche nach Koh Samui fliegen; das ist eine schöne Insel in Südthailand.

Sawadikha und ein gutes Neues Jahr!   Thai 12, Jan. 2003

Dachte mir, ich lasse wieder mal etwas von mir hören/lesen.

Weihnachten hier war herrlich. Habe mir schon lange gewünscht, dieses Fest einmal in einem warmen, tropischen Land zu feiern! Obwohl die buddhistischen Thais ja offiziell nicht Weihnachten feiern, sieht man in den großen Einkaufszentren überall Weihnachtsmänner und kitschig beleuchtete Weihnachtsbäume - aus Plastik natürlich! Das brachte dann Weihnachtsatmosphäre. Außerdem gibt es in Chiang Mai viele Christen aus der ganzen Welt und Kirchen, wo wir dann gemeinsam Jesu Geburt gefeiert haben. Schön war auch der Besuch in einer christlichen Thai-Kirche und interessant zu erleben, wie die christlichen Thais Weihnachten feiern: und zwar recht abwechslungsreich mit Tänzen, viel Musik und selbstverständlich mit einem guten Essen. Mit zwei Kolleginnen hab ich auch die Kinder im Waisenheim besucht. Die circa 15 Thai-Kinder dort sind gläubige Christen und Christinnen und sie konnten auch alle Weihnachtslieder auswendig. Sie sangen inbrünstig auf Thai und wir auf Englisch. Zuvor veranstalteten wir noch ein paar Spiele gemeinsam; die Kinder haben sich über unseren Besuch recht gefreut. Es ist schlimm, wenn Kinder ohne Eltern aufwachsen müssen, aber es war auch schlimm zu hören, dass einige gar keine Waisen sind, sondern von ihren Eltern geschlagen und verlassen wurden. In letzter Zeit gibt es auch viele Heime mit Aids-Kindern in Thailand. Unsere Waisenkinder hatten auch schon Kinder mit Aids besucht und ihnen Hoffnung gemacht, indem sie ihnen von ihrem Glauben erzählt haben.

Meine Zeit auf der wunderbaren Insel Koh Samui war sehr angenehm und entspannend. Wie angekündigt, war ich mit einer netten Kollegin der Schule dort. Wir unternahmen einige Ausflüge mit dem Moped und durften dabei viele Tiere entdecken: Krokodile, Affen, Tiger, Vögel und natürlich Elefanten; allerdings nicht in der freien Natur, sondern alle eingesperrt. Schnorcheln konnten wir wegen des regnerischen Wetters und der wilden See leider auch nicht gehen, und so haben wir uns die Haie und die restliche Unterwasserwelt eben im Aquarium angeschaut. Wir waren in einem schönen Hotel untergebracht - mit dem bezeichnenden Namen „Aloha-Resort"! Silvester gab es dann ein sauteures „Gala-Dinner" mit Thai-Tänzen und Mini-Feuerwerk.

Morgen geht die Schule wieder los und gestern kam der König von Thailand nach Chiang Mai. Er hat da seinen Wintersitz, wie ich erfuhr. Und gestern war es wirklich kalt hier, denn man sah sogar den Atem im Nebel und Regen. Allerdings kann man das als Ausnahme verbuchen, denn heute waren wir schon wieder draußen schwimmen!

Wünsche euch nochmals ein segensreiches Neues Jahr und bedanke mich ganz herzlich für eure Weihnachtspost. Habe mich sehr gefreut, von euch zu hören!

Alles Liebe

Claudia

Big Buddha auf Koh Samui

Hallo ihr Lieben!

Und hier sind schon wieder ein paar Neuigkeiten aus dem schönen Thailand. Die letzten zwei Wochen ging es mir nicht so besonders. Es passierten ein paar Sachen, die mir ein bisschen die Freude nehmen wollten. Naja, selbst in Thailand kann man nicht immer nur lächeln.

An der Schule müssen wir nun Sicherheitsvorkehrungen treffen, da die amerikanische und auch die deutsche Botschaft in Chiang Mai immer wieder Drohungen bekommen. Es kam auch die erste Elternbeschwerde, mit der ich nicht umgehen konnte, da das Ganze „traumatische" Erinnerungen an meine Unterrichtszeit am Gymnasium hervorrief. Obwohl ich zuerst auf die Palme ging (- es gibt ja hier genug -), konnten wir dann bei einem weiteren Gespräch die Sache klären und alles war wieder in Ordnung. Gott schenkt mir ständig Möglichkeiten, meine argen Erfahrungen nun anders, nämlich positiv zu erleben. Ich kann dadurch auch besser mit Kritik umgehen, weil ich öfters Lob bekomme und unser Direktor hinter mir steht.

Vor kurzem bekam ich auch noch eine Darmgrippe mit Fieber, wobei es mir zunächst so schlecht ging, dass ein paar Kolleginnen es für notwendig erachteten, mich ins Krankenhaus zu bringen. Wir fuhren allerdings nicht ins nächstgelegene Spital, wo bei der Gesunden-Untersuchung die Finger gezählt werden (- ob man noch alle 10 hat), sondern in eines, das mehr dem westlichen Standard entspricht. Der Fiebermesser dort hat allerdings auch nicht funktioniert und der Arzt verschrieb mir zur Sicherheit gleich Antibiotika für fünf Tage. Und natürlich, wie ihr schon wisst, wurde ich auch wieder gewogen. Habe dann erfahren, dass eine Tante von mir gestorben ist, was mich auch schockiert hat. Und mit Abschied tu ich mir nach wie vor schwer. Es ist auch schade, dass zwei nette Kolleginnen von der Schule gehen mussten. Ich bin nun wieder eher von sehr jungen Kollegen und Kolleginnen (Anfang bis Mitte 20) umgeben. Aber Gott sei Dank verstehe ich mich trotzdem sehr gut mit meiner Wohnungskollegin, die vom Alter her meine Tochter sein könnte. Sie hat auch schon ein paar Mal „Mutti" zu mir gesagt.

Wie es aussieht, komme ich jetzt in die Phase, wo ich euch vermisse, obwohl ich hier viel Gemeinschaft genießen darf. Aber kreativ sein kommt hier manchmal zu kurz: Mein Leben ist hier so völlig anders als im guten, alten Österreich. Ich habe nun schon ein halbes Jahr nicht richtig gekocht, weder Sax noch Gitarre gespielt und auch kein Bild gemalt. Dafür darf ich im Unterricht recht kreativ sein und das macht auch Spaß. Und ab jetzt halte ich eine Gitarren-AG, wo ich ein paar - leider ziemlich unmusikalischen - Schülern Gitarre spielen beibringen darf!

Übrigens, stellt euch vor: Ich bin nicht nur stolze Besitzerin eines Thai-Motorradscheins, sondern inzwischen besitze ich auch eine Arbeitserlaubnis und ein Thai-Konto. Lustigerweise bekommt man das monatliche Gehalt an der Schule trotz Konto in einem Briefumschlag in die Hand gedrückt. Laut Arbeitserlaubnis könnte ich bis November in Thailand bleiben. Aber keine Angst:

Ich konnte mein Ticket umändern und mein Rückflug ist am 27.6.03.

Momentan bin ich gerade auf Klassenfahrt mit meinen zehn Kids im Norden Thailands, der noch ursprünglicher ist. Trotz der zehn Jahre des Unterrichtens ist das meine erste Tour, wo ich verantwortlich für die lieben Kleinen bin. Meine Klasse ist wirklich super, ich mag sie alle und Gott sei Dank mögen sie mich auch! Wir haben eine schöne Zeit zusammen und die thailändische Schulleiterin ist ebenfalls mit dabei. Unsere Aktivitäten sind außer schwimmen und sich massieren lassen folgende: Elefantenshow und Elefantenreiten (siehe Bild), Ochsenkarrenfahren, Tropfsteinhöhle und Wasserfall bestaunen, Bambusfloßfahren und bunte Vögel und Schmetterlinge beobachten. Ich musste meine Klasse auf diese Klassenfahrt vorbereiten und durfte mich dabei als Biologie-, Chemie- und Geographie-Lehrerin beweisen, was ich allerdings gar nicht bin. Ihr wisst ja, wie die Devise lautet: immer flexibel bleiben und Mai pen rai.

Ach ja, nächste Woche fang ich endlich mit meinem Thai-Kurs an, zusammen mit zwei Kolleginnen. Das kann ja heiter werden! Es ist schon peinlich, wenn ich zum Beispiel am Markt immer noch nicht auf Thai nach dem Preis fragen kann. Ich krieg trotzdem den Einheimischen-Preis, weil mich einige schon kennen. Aber ich hätte mal Lust auf Thai zu fragen: „Und bitte, was kosten die gegrillten Kröten?"

Nur einmal war ich bis jetzt froh, dass ich kein Thai verstehe, und das war bei einem kleinen Unfall oder besser gesagt „Umfall" mit dem Moped: Ich will ahnungslos nach links abbiegen, während mich ein Thai von links überholen wollte und mir reinkracht. Ihr müsst dabei bedenken, dass man hier links fährt und links überholen wie bei uns rechts überholen ist. Er ist gestürzt, ich konnte mich noch aufrecht halten. Es ging nur mein Plastikschuh ein bisschen kaputt. Obwohl er schuld war, hat er geschimpft wie ein Wilder, was ich schonenderweise eben nicht verstand. Dann hat er noch mit dem Fuß nach mir getreten, was bei den Thais eine besondere Beleidigung ist, da sie den Fuß als niedrigsten Körperteil ansehen und der Fuß nie in die Richtung eines anderen zeigen darf. Ihr seht also, die Thais sind auch nicht immer so höflich und zurückhaltend, wie allgemein angenommen.

Ich habe nun inzwischen mein drittes Jobangebot für eine thailändische Schule bekommen. Ich genieße Land und Leute hier, aber ich warte auf ein Zeichen von Gott, dass Er mir wieder den nächsten Schritt zeigt, wie es ab Juli weitergehen soll. Werde mir mal nach und nach die Schulen anschauen:

Zwei sind in Chiang Mai und eine ist in Bangkok.
So, nun wisst ihr wieder Bescheid.

Hoffe, bald wieder von euch zu hören.

Herzliche Grüße

Claudia

Elefantencamp Chiang Dao

Hallo ihr Lieben und Sawadikha!

Mein letzter Rundbrief war ja erst vor kurzem, trotzdem war schon wieder viel los. Zunächst ein herzliches Dankeschön für euer Schreiben und auch eure netten Antworten auf meine Anfrage, zu Ostern mit mir in das südliche Thailand zu fahren. So wie es aussieht, werde ich wahrscheinlich alleine meine Reise in den Süden starten.

Am Wochenende hat sich einiges getan: Zuerst kam unsere neue und dritte Wohnungskollegin aus Deutschland an: eine recht sympathische 21-jährige Sozialpädagogik-Studentin. Am selben Tag ist eine andere Kollegin, wegen der ich ein halbes Jahr verlängern konnte, wieder zurück nach Deutschland geflogen und außerdem hab ich Besuch aus der Heimat bekommen! Mit meinen Besuchern und einer neuen Kollegin sind wir wieder die üblichen touristischen Plätze in und rund um Chiang Mai abgeklappert: Den höchsten Berg Thailands, genannt „Doi Inthanon", den Goldenen Tempel namens Wat Phra Tat Chom Ping am „Doi Suthep" (siehe Bild), einen herrlichen Wasserfall, das Elefanten-Camp, die Thai-Seide-Farm, das Riverboat-Restaurant und andere beeindruckende Attraktionen.

Ein Erlebnis der besonderen Art war diesmal die Fahrt auf den fast 2600 m hohen Doi Inthanon; im Speziellen die Fahrt wieder hinunter! Unser Thai-Fahrer hatte ein relativ altes Auto, dessen Bremsen leider nicht funktionierten. Und so bremste er mit der Handbremse! Wir haben in einem Dorf Zwischenstation machen müssen, damit sich die Handbremse einstweilen wieder erholen kann und waren die Attraktion des Dorfes dort. Zur näheren Info: Die Bergstraße ist ungefähr 40 km lang und dann sind es noch circa weitere 50 km bis nach Chiang Mai. Wir brauchten für die

Strecke statt eineinhalb Stunden an die vier Stunden! Tja, „wenn einer eine Reise tut, dann kann er was erleben", war unser Fazit. Aber Gott sei Dank haben wir es gut überstanden bzw. überlebt; wenn auch mit etwas strapazierten Nerven. Wir hatten trotzdem eine gute Zeit zusammen und es war nett, Besuch von zu Hause zu haben.

Noch ein paar tierische Neuigkeiten: Wir haben jetzt neue „Haustiere": Raufende Katzen in unserem Garten. Und die einst süßen Hündchen vom Nachbarn sind inzwischen auch groß geworden und bellen uns beim Vorbeigehen wild an. Der Hund vom Nachbarn gegenüber raubt uns jede Nacht den Schlaf! Entweder heult er wie ein Wolf oder er bellt ein paar Stunden. Das bedeutet, dass die früheren Hahnkonzerte nun von Hundekonzerten abgelöst wurden. Die neuen Straßenkehrer, die um 4.00 früh starten, kennen unsere Hunde nämlich noch nicht und deshalb müssen sie unbedingt gehörig „verbellt" werden. Vielleicht ist das der Grund, warum manche Thais Hunde essen?

Vor zwei Wochen gab es in Chiang Mai eine wunderschöne, große Blumenparade, die ich um ein Haar verpasst hätte. Dazu ein kleines Beispiel, wie Gott auch kleinere Gebete erhört: Ich habe also gebetet: „Ach Herr, ich wäre gerne bei der Parade dabei gewesen!" Ich konnte aber aus schulischen Gründen nicht. Am nächsten Tag hab ich eine Kirche gesucht, mich dabei verirrt und wo bin ich gelandet? Dort, wo die Blumenparade war! Und so konnte ich die herrlich geschmückten Wägen doch noch bewundern!

Es gab neulich auch ein paar christliche „Events" in Chiang Mai: Es haben sich 2-3000 Christen getroffen, um für Thailand zu beten. Das halte ich für eine gute Sache. So etwas würde uns in

Deutschland oder Österreich auch nicht schaden.

Meine Kollegen waren in letzter Zeit alle krank; mich hat es nicht erwischt. Bin ich froh, da ich ja sonst sehr anfällig für Krankheiten bin! Unser Thai-Kurs ist phasenweise ganz lustig. Leider bin ich meist am Nachmittag nach dem Unterrichten schon ziemlich müde und nicht mehr sehr aufnahmefähig. So, und nun zu euch: Was glaubt ihr heißt „yanglop"? Ich warte auf Vorschläge von euch und nächstes Mal gibt es die Auflösung. Jedenfalls kann ich jetzt endlich auf Thai nach dem Preis fragen und verstehe dann auch die Antwort.

Ich hab euch ja bereits von meinen Jobangeboten erzählt und war letzte Woche bei einer christlichen Schule zu einem Bewerbungsgespräch. Am nächsten Tag bekam ich auch schon einen Anruf, dass sie mich für Englisch und Spanisch brauchen könnten. Die andere Schule mit dem schönen Namen „Grace School" habe ich ebenfalls etwas näher inspiziert: Sie sieht toll aus mit einem Riesenswimmingpool. Dort kriegt man allerdings kein Gehalt, denn man arbeitet sozusagen für Gotteslohn.

Trotz guter und heilsamer Erfahrungen hier an der CDSC bin ich mir allerdings nicht sicher, ob ich wirklich im Schuldienst bleiben möchte. Ich bin ja nicht ohne Grund vor zweieinhalb Jahren ausgestiegen! Meine Schüler, die sonst immer sehr nett sind, benehmen sich seit der Klassenfahrt durchwegs disziplinlos und glauben vielleicht, ich bin jetzt von der „Klassenmama" zu ihrem „Kumpel" mutiert. Gestern habe ich ihnen eine Moralpredigt halten müssen, damit man wieder ordentlich arbeiten kann. In solchen Zeiten kommt wieder meine „Schulallergie" hoch. Aber im Großen und Ganzen passt es schon. So, das war's für heute. Muss wieder in den Unterricht. Claudia

Goldener Tempel am Doi Suthep

Wie geht´s? Bei mir waren die letzten Wochen ziemlich anstrengend, sowohl schulisch -Endspurt vor den Osterferien - als auch privat. Wie ihr schon wisst, passieren hier oft nervenstrapazierende Dinge, wie Stromausfälle, Auto ohne Bremsen oder es kommt wieder mal für einige Stunden kein Wasser aus der Wasserleitung. Das ist in der jetzigen heißen Zeit etwas ungünstig, auch weil man dann die Chemikalien vom Schwimmbad nicht abwaschen kann. Wie schon erwähnt, kriegt man beim Schwimmen grünliche Haare, wenn man blond ist; entweder von den Algen oder von den Chemikalien! Schlangen, Spinnen oder jaulende Hunde stressen mich momentan nicht so. Ich wache inzwischen schon regelmäßig um 4.00 früh auf, egal ob unser Nachbarshund heult oder nicht.

Neulich bin ich die Stufen in der Schule „runter gekollert", als ich noch schnell etwas für den Unterricht holen wollte. Nach dem Sturz war ich ein paar Tage außer Gefecht gesetzt; wahrscheinlich hab ich mir eine ganz leichte Gehirnerschütterung zugezogen und einen Fuß verstaucht. Ach ja, und als ich dann gleich nach Hause gefahren wurde und mich hinlegen wollte, ging meine Zimmertür plötzlich nicht mehr auf und ich musste ein paar Stunden warten bis unser Hausmeister sie repariert hatte.

Tja, hier gibt´s Sachen, die gibt´s gar nicht. Aber inzwischen geht es mir wieder gut! Auch Gottes Wort als Zusage hat mich wieder aufgebaut: *„Fürchte dich nicht, denn ich bin bei dir. Hab keine Angst, denn ich bin dein Gott! Ich mache dich stark, ich helfe dir; mit meiner siegreichen Hand beschütze ich dich!"* (Jesaja, 41, 10)

Meine Schüler sind glücklicherweise auch wieder die „Alten", das heißt sie sind wieder recht brav und aufmerksam. Die Moralpredigt hat sich also gelohnt. Mein Direktor hat mich neulich gelobt, weil ich mit zwei schwierigen Fällen in meiner Klasse so gut zurechtkomme, wo andere Kollegen kämpfen. Ja, mit Gottes Hilfe kann ich diese schwierigen Schüler annehmen und sogar gern haben. Ich glaube, ich werde meine Kids vermissen, wenn ich nicht mehr an der CDSC unterrichte. Meine Nachfolger stehen ja schon fest.

Apropos unterrichten: Gestern war ich bei einem zweiten Vorstellungsgespräch mit den beiden Direktoren an einer anderen Schule in Chiang Mai. Sie bieten mir eine Dreiviertel-Stelle für Spanisch oder eine volle Stelle mit zusätzlichem Englisch-Unterricht an. Sie zahlen doppelt so viel wie an meiner Schule. Ich weiß nicht, ob ich die Stelle annehmen soll. Sie haben auch noch zwei andere Interessenten, würden aber am liebsten mich nehmen, vermutlich, weil ich die bessere Ausbildung mit Universitätsabschluss habe. Ihr erinnert euch ja, dass mir Jesus als Zeichen einen Elefanten in Deutschland geschickt hat, um hier her zu kommen. Hier in Thailand wäre das kein markanter Hinweis; ich habe neulich sogar einen Elefanten am Highway, also auf der Autobahn marschierend gesehen! Er hatte einen blinkenden Schwanz! War wahrscheinlich ein am Schwanzende befestigter Blinker, damit ihn die vorbeirasenden Autos nicht anfahren. Eine Freundin von mir meinte, dass mir Gott als Entscheidungshilfe nun eine österreichische Kuh vorbei schicken könnte, als Zeichen wieder nach Österreich zurückzukehren. Tja, nichts ist unmöglich dem, der da glaubt! Jedenfalls bin ich dankbar für euer Gebet, da die Entscheidung in ein paar Tagen fallen soll.

Übrigens fliege ich morgen mit meiner neuen Mitbewohnerin, die sehr nett ist, in den Süden. Und zwar dorthin, wo ich auch im Herbst schon einmal war: Kho Phi Phi, Krabi und Bangkok. Da ich schon ferienreif bin, freu ich mich auf ein paar entspannende Tage am Strand. (siehe Bild)

Alles Liebe

Claudia

P.S. Übrigens „yanglop" heißt Radiergummi, wie einer von euch richtig erraten hat.

Schnorcheln Andaman Sea

Hallo ihr Lieben zu Hause!   Thai 16, 27.4.

Die Ferien sind nun leider wieder vorbei und ich schicke euch noch ein paar Fotos als kleinen Eindruck des schönen Urlaubs, den ich gerade genießen durfte!

War mit meiner neuen Mitbewohnerin eine Woche auf der traumhaften Insel Phi Phi, wo wir die Haie, Tigerfische und Quallen unsicher gemacht haben - oder sie uns. Dann waren wir noch eine Woche in der Provinz Krabi mit einer weiteren Kollegin. Diesmal haben wir bei der Kanufahrt gleich mehrere wild lebende Affen gesehen, die sich über unsere Ananas hermachten. Und sogar ein Weißkopfadler ist über unsere Köpfe gesegelt!

Die letzten drei Tage waren wir noch in Bangkok, wo wir die schwimmenden Märkte besucht haben (siehe Bild). Dort wird von den Booten aus gehandelt und gefeilscht. Es wird als Anfangspreis gleich mal das Vierfache vom normalen Preis verlangt, denn statt Straßen gibt es Kanäle. Anschließend haben wir noch eine Schlangenshow besucht. Diese war auf eine Weise schon sehenswert, aber wie die Tiere dort gehalten werden, war sehr traurig.

Während wir in Bangkok waren, fand das thailändische Neujahrsfest „Songkran" statt. Hierbei ist es Brauch, sich gegenseitig mit (meist eiskaltem) Wasser zu überschütten und sich Puder ins Gesicht zu schmieren; beides soll Glück bringen. Das Ganze an einem „Farang", also Ausländer auszuprobieren, ist für die Thais natürlich besonders lustig, also kamen wir pitschnass und weiß vom Puder wieder in unserem „Guesthouse" an.

Zurück in Chiang Mai wartete eine besondere Überraschung auf uns: Es schoss uns wieder mal Wasser im Bad entgegen. Diesmal kam das Wasser aus der verfliesten Mauer. Als wir in der Schule deswegen anriefen, sagte man uns, dass der Hausmeister wegen der Sturmschäden an der Schule leider keine Zeit hätte. Und so mussten wir die nächsten Tage ohne Wasser auskommen, da wir es ja absperren mussten. Und das bei dieser Hitze: Im Schnitt haben wir an die 37 Grad im Schatten und in der Wohnung.

Ostersonntag waren wir in einer großen englischen Gemeinde beim Gottesdienst. Dort war alles schön mit Blumen dekoriert und sogar ein leeres Grab war aufgebaut. Bei diesen Temperaturen ist Ostern ein ganz anderes Gefühl als bei uns. Es feiern ja nur die christlichen Thais das Osterfest, es gibt also nicht einmal Ostereier. Naja, wir feiern ja die Auferstehung Jesu und nicht die Eier oder den Osterhasen. Nicht vergessen; Jesus hat gesagt: *„Ich bin die Auferstehung und das Leben. Wer an mich glaubt, wird leben, auch wenn er stirbt." (Johannes 11, 25)*

Wie geht es nun weiter? Ich bekam wieder einen Anruf von der christlichen Schule, an der ich mich neulich vorgestellt habe, und sie haben mir mitgeteilt, dass sie mich den anderen Bewerbern vorziehen. Ich habe das als Anlass genommen und meine Zusage gegeben, das nächste Schuljahr dort zu unterrichten! Ich bekomme eine dreiviertel Stelle für Spanisch und eine viertel Stelle für Englisch. Der Vertrag soll nächste Woche unterschrieben werden, aber es bleiben schon noch einige Fragen offen. Wer wird weiterhin in meiner Wohnung zu Hause in Österreich wohnen? Wahrscheinlich kann ich auch nicht in der jetzigen Wohnung in Chiang Mai bleiben, weil neue Lehrer kommen. Einen neuen fahrbaren Untersatz (Moped) brauch ich vielleicht auch noch. Und was ist mit „Sars", der ansteckenden Lungenerkrankung aus China, die ihren Weg bis nach Thailand gefunden hat? Ein paar Thais rennen ja sogar schon mit einer Mund-Maske herum. Diese ungeklärten

Fragen sind auch gleichzeitig ein Gebetsanliegen! Ich würde gerne in der jetzigen Wohnung bleiben und auch das Moped behalten.

Ich schätze eure Unterstützung sehr und ich vertraue auch auf Gott, dass Er wieder für alles Nötige sorgt!

So, das wär´s mal wieder.

Alles Liebe

Claudia

Schwimmende Märkte in Damnoen Saduak

In der Schule ist wieder viel zu tun und die Thai-Krankheit, nein, nicht Sars, sondern Brechdurchfall mit Fieber hat in unserer Schule bei einigen Kollegen wieder die Runde gemacht. Sars ist hier in Thailand laut Infos ja keine besondere Gefahr. Und die Leute, die mit einer Gesichtsmaske herumliefen, sind inzwischen auch schon verschwunden.

Meinen 39. Geburtstag durfte ich im Kreise netter Kollegen in einem romantischen Restaurant am Maeping-River feiern. Stellt euch vor, der Krönungstag des thailändischen Königs ist am selben Tag wie mein Geburtstag, nämlich am 5.5. Man muss ja bei allen offiziellen Veranstaltungen bei der Landeshymne andächtig aufstehen. Auch jedes Mal, bevor man im Kino einen Film anschauen will. Früher musste sogar einmal täglich der ganze Chiang Mai-Straßenverkehr zu einer bestimmten Zeit stillstehen zu Ehren des Königs! Tja, die Thais haben eben noch Respekt vor Autoritäten. Gott sei Dank auch vor den Lehrern! Meine Schüler sind sehr brav und sogar traurig, dass ich nächstes Schuljahr nicht mehr bei ihnen bin. Wir werden bei einem Schüler zu Hause eine Abschiedsfeier veranstalten.

Gestern hab ich bei einer internationalen englischsprachigen Bibelrunde sogar schon einen zukünftigen Spanisch-Schüler von mir getroffen. Ein netter Bursche. Ich werde nächstes Schuljahr an der Schule, die übrigens zehn Mal mehr Schüler hat als die CDSC, Spanisch und Deutsch statt Englisch unterrichten. Es gibt nämlich ein paar deutsche Missionarskinder aus Pakistan, die wegen eines Anschlags islamistischer Fundamentalisten flüchten mussten. Mit diesen Kids darf ich dann Deutschunterricht machen. Mit meinen zukünftigen Schulleitern verstehe ich mich bereits recht gut, was den Einstieg sicher erleichtern wird. Sie haben auch die sinnvolle Einrichtung eines eigenen «Counsellors» (Betreuer/in), die mir mit Rat und Tat zur Seite stehen sollen.

Nun, ich finde es echt schön zu erleben, wie Gott für alles sorgt und aus den Fragezeichen Rufzeichen macht! Meine Bewohnerin in meiner Wohnung in der Heimat hat sich nun auch entschlossen, ein weiteres Jahr dort zu bleiben, was mich sehr freut. Und mein Moped darf ich auch behalten. Leider kann ich nicht in meiner Chiang Mai-Wohnung bleiben. Macht aber nichts, denn meine Wohnungskollegin und ich haben schon ein Haus entdeckt, das uns sehr gut gefällt. Jetzt gilt es nur mehr, den Mietpreis auszuhandeln. Vorher haben wir schon ein paar belustigende „Absteigen" gesehen, die mich mehr an Holzruinen oder an einen brüchigen Stall erinnert haben als an eine Wohnung. Manche Thais legen nicht so viel Wert auf das Wohnen, Hauptsache ein Fernseher oder eine laute Stereo-Anlage sind vorhanden.

Mit unserem Thai-Kurs geht es bei der Hitze nur schleppend voran. Die ständige „Dauer-Sauna" der letzten zwei Monate macht mir etwas zu schaffen und ich flüchte - wenn möglich - in klimatisierte Räume. Immerhin kann ich schon auf Thai mein Moped auftanken.

So, das wären wieder die neuesten Neuigkeiten aus dem fernen Thailand!

Ganz herzliche Grüße

Claudia

Hallo und wieder mal Sawadikha allerseits! Thai 18, 17.8.

Nach einer schönen Abschlussfeier an der CDSC und einem intensiven, aber leider viel zu kurzem Urlaub in meiner österreichischen Heimat, bin ich wieder gut in Chiang Mai gelandet. War schön, euch wieder mal zu sehen! Da meine Ferien ein Monat kürzer waren, konnte ich leider nicht alle Leute treffen, die ich gerne treffen wollte.

Am CM-Flughafen wurde ich von meiner neuen Schulleiterin namens „Supaporn" sogar mit einem Blumenkranz - a la Hawaii - empfangen! Meine Wohnungskollegin war auch da. Mit ihr hab ich mich dann gleich auf den Umzug gestürzt. Unser neues zweistöckiges Haus liegt recht zentral und trotzdem ist es grün rundherum. Für Thai-Verhältnisse ist es eine echte „Luxus-Villa". Allerdings so etwas wie Wände weißeln kennen die Thais nicht. Es gibt auch keine Küche, da die Vermieter einen Essensstand in der Nähe haben. So versorgen wir uns selbst mit einer Spüle und einer Kochplatte, die außerhalb des Hauses stehen. Die Waschmaschine ging vorerst noch nicht, aber der Schlauch war schnell geflickt. Damit auch das Unterhaltungsprogramm stimmt, haben wir hier des Nachts wieder diverse Konzerte von Fröschen, Hunden und Hähnen. Allerdings etwas gemäßigter als in der vorigen Wohnung, dafür sind die üblichen Ameisen hier größer. Ist aber kein Problem und unser Häuschen ist schön und groß und hat genug Platz für diverse nette Besuche, auch aus der fernen Heimat.

In der neuen englischsprachigen Schule CMIS (Chiang Mai International School) ging es die Woche vor Schulbeginn schon voll los mit ganztägigen Einführungskursen über den Schulbetrieb, über Regeln und Gepflogenheiten. Letztes Jahr wurde ich in das deutsche Schulsystem eingeführt und jetzt in ein amerikanisches, was mir viel komplizierter vorkommt. Meine neue Schule hat an die 500 Schüler und 70 Lehrer, davon über 20 Neue, so wie mich. Ich bin allerdings die einzige hier, deren Muttersprache nicht Englisch ist. Es gibt auch zwei Schulleiter (eine Thai und einen Australier). Die Schule ist wirklich sehr international, meine Schüler sind aus Japan, Korea, Australien, Amerika - also aus der ganzen Welt - und sie haben Namen wie: Amornvareesawan Pravatee, oder Srisukvattananan Prapasi, Ishisaki Sayaka oder Schachtel Peter.

Was mir sehr gut gefällt ist, dass die CMIS auch eine christliche Schule ist, wo gesunde Werte vermittelt werden und der Glaube an Gott wichtig genommen wird. Die meisten Lehrer hier sind auch Christen und durchwegs recht freundlich. Die ersten drei Schultage habe ich verpasst, da ich mir vom arktischen Wind der Klimaanlage eine ziemliche Verkühlung zugezogen hab.
Wie meine Schüler so sind, erfahre ich also erst morgen.

Grüße

Eure Claudia

P.S.: Noch ein Bibelvers: *„Vertraut ihr Gott so wenig? Macht euch also keine Sorgen. Euer Vater im Himmel weiß, was ihr braucht. Gebt nur Gott und Seiner Sache den ersten Platz in eurem Leben, so wird Er euch alles geben, was ihr nötig habt. Deshalb habt keine Angst vor der Zukunft.“ (Matthäus 6, 33)*

Hallo allerseits!   Thai 19, 7.9.

Sicher seid ihr schon gespannt, wie es in der neuen Schule so läuft, oder?

Nun, nach den ersten Wochen des Unterrichtens kann ich schon sagen, dass die Schüler und Kollegen hier auch sehr nett sind, von ganz wenigen unsympathischen Ausnahmen abgesehen. Ich war allerdings gleich ziemlich erschöpft, weil sie mir einige "extra-duties", also zusätzliche Aufgaben und Aufsichten außerhalb des Unterrichts aufgebürdet haben. Ich habe ungefähr doppelt so viel Stunden des Unterrichtens, wie an der vorigen Schule. Muss ja so sein, weil ich jetzt ja auch doppelt so viel verdiene; umgerechnet satte 900 Euro pro Monat. Glücklicherweise wurden die Aufgaben nun etwas reduziert, so dass ich wieder aufatmen kann und Zeit habe, euch einen Rundbrief zu schreiben.

Die neue Schule ist sehr international, wie ihr ja an den Schülernamen im letzten Rundbrief gesehen habt. Es ist eine Herausforderung, wieder größere Klassen mit 20 bis 30 Schülern und in einer Fremdsprache eine Fremdsprache zu unterrichten. Das heißt, ich muss die spanische Sprache auf Englisch erklären. Der Deutschunterricht ist sehr angenehm mit ausnahmsweise nur zwei Schülerinnen. Das sind übrigens die zwei besagten Mädchen von Missionarsfamilien, die voriges Jahr wegen eines islamistischen Anschlags auf eine christliche Schule in Pakistan flüchten mussten. Ihr erinnert euch vielleicht daran: wie durch ein Wunder wurde aber niemand verletzt.

In der Wohngemeinschaft fühle ich mich recht wohl, da ich mich mit meiner Mitbewohnerin sehr gut verstehe. Heute haben wir uns etwas „Unthaimäßiges" in unserer „Freiluftküche" gekocht: nämlich so richtige österreichische Palatschinken (Pfannkuchen). Eine kulinarische Abwechslung für meinen verwöhnten österreichischen Gaumen!

An unsere massiven, steinharten „Barockmöbel" muss ich mich allerdings noch gewöhnen. Man kriegt leicht blaue Flecken davon. Kakerlaken sind hier selten, die Ameisen leider nicht: diese finden hier sogar die Zahncreme lecker und man muss aufpassen, dass man in der Früh - noch leicht verschlafen um 6.15 - nicht ein paar Ameisen beim Zähneputzen mit putzt.

Heute war ich in dem monatlichen deutschen Gottesdienst an meiner letztjährlichen Schule und hab dort ein paar meiner „alten" Kollegen getroffen, was auch schön war.

So, und zum Schluss noch ein gutes Wort von Jesus an euch (und an mich): *„Kommt her zu mir alle, die ihr mühselig und beladen seid; ich will euch erquicken… Bei mir findet ihr, was eurem Leben Sinn und Ruhe gibt. Ich meine es gut mit euch."* (Matthäus 11,28)

Seid alle ganz herzlich gegrüßt.

Claudia

Hier melde ich mich wieder aus Chiang Mai, um euch auf dem Laufenden zu halten.

Ich war ja fast zwei Wochen ziemlich krank mit hohem Fieber und Bronchitis, was meine zwei Direktoren in gewisse Panik versetzt hat, da gerade wieder ein Moskito, der hohes Fieber auslöst, sein Unwesen treibt. Keine Angst, es ist nicht Malaria. Meine Thai-Direktorin hat mir sogar einen Überraschungsbesuch abgestattet und wollte mich gleich zum Arzt schleppen. Beim Arzt wird man wieder gewogen, plaudert über irgendetwas und kriegt Antibiotika. Egal, was man hat; auch beim Impfen und bei Durchfall ist es so.

Noch geschwächt, hab ich mich dann wieder auf mein Moped gesetzt, um in die Schule zu fahren und was war? Auch beim 20. Mal Starten ist es nicht angesprungen. Meine Wohnungskollegin war so nett und borgte mir ihr Moped, was dann beim Heimfahren von der Schule einen platten Reifen bekam.

Die „Kaputt-werd-Kette" reißt ja hier nicht ab. Neulich bekamen wir eine Wasserrechnung, die ungefähr das 30-fache vom Normalen ausmachte und wunderten uns sehr darüber. Wie sich herausstellte, war es so eine Art unterirdischer Wasserrohrbruch, was zur Folge hatte, dass wir für einige Tage ohne Wasser für Geschirr und Waschmaschine auskommen mussten. Wenn ein Thai sagt, er kommt heute noch, um es zu reparieren, kann das auch fünf Tage dauern, wie in diesem unseren Fall.
Der Vermieter zahlt diese Rechnung natürlich nicht, dafür wäscht er in unserem Garten auch mal sein Auto, was ebenfalls auf unsere Rechnung geht. Er hält sich zu gerne bei uns auf und recht-

fertigt das damit, dass er ja auf unsere Mopeds aufpassen und unsere Blumen spritzen muss. Er war auch schon im Haus, als wir nicht zu Hause waren. Einmal hat er, anstatt den Handtuchhalter zu montieren, der mir neulich nach dem Duschen entgegen fiel, die Dusche ruiniert. Ja, so schaut's aus. Und bitte immer lächeln!

Die Hunde unseres Vermieters kommen auch manchmal zu Besuch, über den wir uns allerdings freuen. Ein Hund des Nachbarn hüpft sogar über die Mauer zu uns. Und eine Nachbarskatze besucht uns nun ebenfalls regelmäßig und darum haben wir sie bzw. ihn adoptiert und auf den Namen Siegfried getauft.

Die Regenzeit ist schon wieder vorbei und war lange nicht so dramatisch wie letztes Jahr. Ich bin diesmal weder durch überflutete Straßen gefahren, noch stand das Wasser bis zum Haus, noch ist der Strom ständig ausgefallen. Allerdings hätte es mich ein paar Mal beinah vom Moped geschwemmt, weil ich in einen Regenguss kam. Die Hitze hält an und es ist zu warm für diese Jahreszeit. Es hat selten unter 30 Grad; der Klimawandel lässt grüßen. Und während ihr wieder so dahin friert, muss ich im Akkord schwitzen.

Apropos schwitzen: Arbeitsmäßig verspürte ich sehr viel Druck und Stress, was die Gesundheit nicht gerade fördert und ich hatte das Gefühl, ich lebe nur noch für die Schule und alles, was dazu gehört. Das hat mich ziemlich eingeengt und ich habe nun beschlossen, das Ganze lockerer anzugehen. Es geht mir seit dem auch besser und ich bin wieder ausgeglichener.

MAI PEN LEI!

Beim deutschsprachigen Gottesdienst habe ich meinen früheren

Direktor von der CDSC, der Schule vom letzten Jahr, getroffen und ihm ein Kompliment gemacht, dass es mir bei ihm besser gefallen hat. An einer größeren Schule ist es eben nicht so familiär und das amerikanische Schulsystem ist mir nicht so vertraut. Ich musste zum Beispiel auch noch im Schweiße meines Angesichts - als ich mit Fieber da lag - Unterrichtspläne erstellen, damit die lieben Kids beschäftigt sind. Anscheinend gibt es in ganz Chiang Mai keinen Spanisch-Lehrer, der mich vertreten könnte. Die Thai-Direktorin hat mir erklärt, ich sei "veeeeeery iiiiimportant" und der Englisch-Direktor meinte erfreut: "Oh, our wonderful Spanish teacher is back!" Naja, ist ja auch recht nett, willkommen geheißen und für seine Arbeit geschätzt zu werden. Das wurde ich am Gymnasium in Österreich sowieso kaum. Da stand das Kritisieren und nicht das Loben im Vordergrund!

Ich muss das Loben meiner Schüler auch noch ausbauen. Hatte dazu gerade Gelegenheit, da wir alle drei Monate Noten für jeden Schüler und eine Beurteilung in Worten anfertigen müssen. Das ist nicht so leicht - vor allem bei denen, die einem am Nerv gehen und manche Schüler kenne ich ja noch nicht einmal beim Namen. Ihr wisst ja, dass mein Namensgedächtnis nicht gerade das beste ist, was mir hier aber aufgrund der „exotischen" Schülernamen verziehen wird.

Am Samstag beginnen die Herbstferien und ich fliege mit meiner Mitbewohnerin in den Süden. Wieder auf die schöne Insel Phi Phi.(siehe Bild)

Ich denke an euch.

Alles Liebe

Claudia

PS: Das Wort zum Sonntag - und für jeden anderen Tag - stammt diesmal aus Psalm 107: *„In auswegloser Lage riefen sie zum Herrn und ER rettete sie aus ihrer Not! ER half ihnen, den richtigen Weg zu finden...Sie sollen den Herrn preisen für seine Gnade und für seine Wunder, die ER uns Menschen erleben lässt...ER sättigt die durstige Seele, und die Hungrigen füllt ER mit Gutem!"*

Boot in der Maya Bucht der Phi-Phi-Inseln

Stellt euch vor, das ist schon der 21. Rundbrief, den ihr von mir aus Thailand bekommt!

Nun, ihr erinnert euch vielleicht an einen der ersten Briefe, in dem ich euch erzählt habe, dass man beim Kulturschock zwischen Entsetzen und Begeisterung hin und her schwankt. Das ist auch im zweiten Jahr Thailand so. Es haben sich die negativen Ereignisse nun so überschlagen, dass ich den Eindruck habe, mein Aufenthalt hier hat sich von einem Abenteuer in einen Albtraum verwandelt.

In der Schule konnte ich zwar den Stress reduzieren, habe aber immer noch mehr Stunden als sonst. Der Elternsprechtag vor den Herbstferien war okay, die Eltern waren durchwegs sehr nett und es gab nur eine Notenbeschwerde. Ich freute mich schon auf die Woche Ferien und frischen Mutes ging es ab nach Phi Phi-island. Ich war sowieso schon reif für die Insel!

Leider gingen wieder ein paar Dinge schief: Unser Reisebüro vergaß uns anzumelden, beim Hotel waren wir gar nicht registriert, wir mussten zwei Stunden auf den Bus warten und ähnliche Unannehmlichkeiten. Die Thais kommen ja entweder grundsätzlich eine halbe Stunde zu früh oder Stunden zu spät.

Die ersten zwei oder drei Tage regnete es leider auf unserer Insel und bald bekam ich hohes Fieber und eine Bronchitis. Ich war schon recht verzweifelt, lag schwitzend im Hotelzimmer und ging dann doch zum Arzt, weil das Fieber trotz Tabletten nicht herunterging. Und was sagte der Onkel Doktor? Der Moskito, von dem ich euch das letzte Mal erzählte, dürfte mich erwischt haben! Das bedeutete, dass mich die Viruserkrankung namens „Dengue-

Fieber" heimgesucht hat, die von den Symptomen einer Grippe oder Bronchitis ähnelt und dass sie mich gleich im Spital behalten und an Infusionen angehängt haben.

Ich muss euch unbedingt dieses Krankenhaus näher beschreiben: Es war eine Art Baracke mit einigen Feldbetten und im Eingang standen drei Notbetten. Draußen war alles Baustelle. Es gab die ganzen Tage, die ich mich in diesem Feldlazarett befand, nichts zu essen oder zu trinken, nur Infusionen, Spritzen und Tabletten. Gott sei Dank hat mir meine liebe Mitbewohnerin etwas Kulinarisches vorbei gebracht, um mich vor dem „Hungertod" und dem Verdursten zu bewahren! Sie hat sich inzwischen schon als meine „Privatkrankenschwester" entpuppt. Es gab übrigens auch nur zwei Toiletten für alle Patienten: ein typisches Thai-Stehklo ohne Spülung und ohne Klopapier. Zu allem Überdruss standen uns auch keine Waschgelegenheiten zur Verfügung. Das war aber noch nicht alles: Ihr müsst euch noch vorstellen, folgendermaßen die Toilette aufzusuchen: In der einen Hand stecken Nadel und Schlauch von der Infusion und in der anderen Hand muss man die Infusionsflasche hoch halten- ein wirklich schwieriges Unterfangen!

Und so hat es sich ergeben, dass ich zwar länger als geplant auf der schönen Insel Phi Phi verbracht habe, die Schönheit der Landschaft diesmal aber leider nicht genießen konnte. Das hohe Fieber war zwar nach einer Woche weg, aber die Bronchitis war so stark, dass ich nur schwer atmen konnte. Mir ging sozusagen die Luft aus.

Meine Thai-Direktorin der CMIS war schon ziemlich hektisch und wollte, dass ich so schnell wie möglich - ASAP - nach Chiang Mai kommen soll, weil Probleme mit meiner Arbeitserlaubnis gab.

Ich konnte aber erst später wieder zurück, da mir die zweitägige Rückreise zu anstrengend gewesen wäre. Und außerdem hätte ich wieder im Schweiße meines Angesichts „lesson-plans" (=Unterrichtsvorbereitungen) erstellen müssen, damit den Schülern ohne mich nicht langweilig wird.

Auf der Rückreise mussten wir auf der Halbinsel Phuket übernachten. Wir hatten Transfer und Hotel dort schon gebucht. Zuerst brachten sie uns ins falsche Hotel und als wir dann selber zum richtigen Hotel fahren mussten, wollten wir lieber wieder in das andere zurück: Statt des versprochenen Blickes aufs Meer hatten wir uns eine Aussicht auf eine riesige Baustelle andrehen lassen und es war so laut vom Hämmern und Bohren, dass wir flüchteten. Die Thais lieben es, alles zuzubetonieren und manchmal hat man den Eindruck, als ob halb Thailand eine Baustelle wäre. Meine Reisebegleiterin wurde dann auch noch von einer Qualle angefallen!

Inzwischen sind wir gut in Chiang Mai gelandet, aber ich war immer noch ziemlich krank. Trotzdem musste ich gleich am übernächsten Tag in die Schule, da wir einen Todesfall unter den Kollegen zu beklagen hatten. Zudem musste ich sofort auf die „Immigration", die Einwanderungsbehörde, weil mein Visum gerade abgelaufen war. Dieses Amt ist ziemlich gefürchtet und man ist dort der Willkür der Beamten besonders ausgesetzt. Die Bürokratie in Thailand ist ein eigenes Kapitel: man wird „von Pontius zu Pilatus" geschickt, muss Stunden in diversen Ämtern zubringen und braucht für die schriftliche Arbeitserlaubnis circa drei Monate und Dokumente von ungefähr 50 - 100 Seiten. Diesmal warteten wir (nur!) zwei Stunden mit dem Ergebnis, dass sie uns wieder heim geschickt haben, da irgendein Dokument fehlte. Und das, obwohl sie uns eine Stunde vorher versichert hatten, dass alles in Ordnung wäre. Wir müssten morgen wieder kommen, hieß es und dann müssen wir Strafe zahlen, weil ab morgen mein Visum abgelaufen ist!

Nun, wieder eine kleine Thai-Schikane erlebt. Meine Geduld wird in letzter Zeit sehr strapaziert und ich sehne mich schon nach meinem angenehmen Österreich. Obwohl ich schon sehr ausgelaugt bin, gebe ich mein Gottvertrauen nicht auf und weiß, dass ich mich nach wie vor an Jesu Wort halten kann und bei Ihm Trost finde:

„Denen, die Gott lieben, dienen alle Dinge zum Besten!" (Römerbrief 8, 28) und *„Der Herr ist unsere Zuversicht und Stärke, eine Hilfe in den großen Nöten, die uns getroffen haben. Darum fürchten wir uns nicht, wenngleich die Welt unterginge…!" (Psalm 46, 2-3a)*

Sawadikhaa aus dem fernen Südosten! Thai 22, 12.12.

Manche von euch haben sich schon erkundigt, wie es mir nun geht. Danke der Nachfrage:

Von all den Strapazen, Aufregungen, Ärgernissen, Krankheiten, Schulstress etc. hab ich mich leider noch immer nicht ganz erholt! Da ich zurzeit in der Schule nicht voll einsatzfähig bin, habe ich einige Gespräche mit meinen beiden Direktoren und einer Beraterin geführt, wie es am besten weiter gehen soll. Ich habe im November (nach dem Dengue-Fieber) vorerst nur meine Deutschstunden gehalten und für Spanisch haben sie einen Ersatz bis Weihnachten gefunden.

Da man an Schulen in Thailand nicht mehr als 20 Tage pro Jahr krank sein darf und man auch nur vollzeitlich und nicht reduziert arbeiten darf, musste ich mich nun von einer Vollzeitlehrerin in eine „Ersatzlehrerin" umwandeln lassen. Das heißt, ich kriege ab jetzt nur mehr die Stunden einzeln bezahlt, die ich sporadisch halte. Diese Entscheidung hat eine große Last von mir genommen, da ich mich noch immer in einem geschwächten Zustand befinde. Und für diese Schule muss man ja mehr als fit sein. Habe hier doppelt so viele Stunden wie in Österreich zu halten mit diversen Extra-Aufgaben und außerdem dauert eine Unterrichtseinheit 70 Minuten! Ich werde nun auch - mit dem Einverständnis meiner Direktoren - früher als geplant in die Heimat zurückkehren; nämlich schon im März statt im Juni.

Wie es jobmäßig weitergeht, weiß ich noch nicht. Mein Direktor der CDSC hat mir ein Job-Angebot gemacht, nächstes Schuljahr mit ihm in einer neuen Schule in Deutschland zu unterrichten! Das Angebot hat mich geehrt, aber momentan denke ich, dass ich vorerst nicht in den Schuldienst zurückkehren werde. Könnte mir eher vorstellen, wieder Sprachkurse für Erwachsene zu halten und in einem Nachhilfe-Institut zu arbeiten. Mal sehen, was sich ergibt. Wenn Gott mir sogar einen Elefanten in Marburg vorbeigeschickt hat für die Stelle letztes Jahr in Thailand, dann wird Er mir bestimmt auch diesmal wieder Seine Führung schenken.

Tja, und jetzt kann ich Thailand wieder in vollen Zügen genießen und es stört mich auch nicht, wenn wieder mal eine Kakerlake auf der Toilette, oder ein Frosch unter dem Moped-Sitz sitzt, oder man den Nachbar nachts so laut husten und „schlatzen" hört, als stünde er in unserem Zimmer, oder unser zugelaufener Hauskater Siegfried um 6 Uhr früh nach seinem Futter maunzt, oder Ameisen im Essen sind, oder man beim Moped-Fahren geschnitten wird.

Am 5.12. hatte der König Thailands wieder Geburtstag und es ergaben sich ein paar Feiertage. Bin mit meiner Mitbewohnerin in den Norden gefahren- Richtung Mae Hong Son; eine Strecke mit ungefähr 2000 Kurven. Der Norden Thailands ist landschaftlich wunderschön und urwüchsig. Wir sind Wildwasser-Kajak gefahren, auf einem grantigen Elefanten geritten und haben uns eine Riesen-Tropfsteinhöhle angeschaut, wo abends Millionen von Schwalben reinfliegen und vermutlich genauso viele Fledermäuse rausfliegen. Ein einmaliges Naturspektakel! Wir besuchten auch ein paar Bergstammdörfer, die eher ärmlich leben. (siehe Bild) Meist verkaufen sie selbstgewebte Tücher, bauen Reis - statt Opium - an und manchmal fangen sie Ratten in Bambusröhrchen. Die sollen ja besonders lecker schmecken - die Ratten, nicht der Bambus. Dafür gibt es seit Neuestem Pandabären im Zoo von Chiang Mai, die liebend gerne Bambus vernaschen. Sie haben die beiden putzigen Riesenbären aus China eingeflogen.

Über Weihnachten habe ich vor, mit meiner Wohnungskollegin in den Süden zu fliegen (die Inseln Koh Samui und Koh Tao), um dort einen Tauchkurs zu machen.

Liebe vorweihnachtliche Grüße

Claudia

PS: Noch ein paar aufbauende Worte für euch, diesmal aus Psalm 145:

„Auf das Wort des Herrn ist Verlass und was Er tut, das tut Er aus Liebe. Wer keinen Halt mehr hat, den hält der Herr. Und wer schon am Boden liegt, den richtet Er wieder auf. Du öffnest Deine Hand und sättigst Deine Geschöpfe; allen gibst Du, was sie brauchen... Der Herr ist denen nahe, die zu Ihm beten und es ehrlich meinen.... Er hört ihren Hilfeschrei und rettet sie!"

Akha Stamm Nordthailand

Ich grüße euch wieder mal aus dem angenehm warmen Thailand. Ich werde also nur mehr einen Monat hier sein und verdünnisiere mich noch bevor die heiße, wirklich heiße Zeit anfängt und das Gehirn dann nicht mehr ordentlich funktioniert - wahrscheinlich weil es in der Hitze brutzelt. Tja, während ihr also mit Schal und Handschuhen herumrennt, zische ich mit meinem Moped in Shorts und kurzen Ärmeln durch Chiang Mai - sofern mich nicht wieder mal eine Darmgrippe davon abhält. Keine Angst, ich hatte nicht die Vogelgrippe bzw. Hühnerpest, die ja gerade Asien heimsucht! Aus Sicherheitsgründen bekommt man zurzeit leider kaum wo ein Henderl/Hähnchen, was für Thailand ein großer Verlust ist, da das Huhn zusammen mit Reis das „Grundnahrungsmittel" der Thais ist. Welches Tier man anstelle des Huhns nun am Stand zu kaufen kriegt, ist nicht geklärt.

In der CMIS ist vor circa zwei Wochen der neue Spanisch-Lehrer angekommen. Ich brauche mich also nicht mehr selber in Spanisch zu vertreten und halte weiterhin nur ein paar Deutschstunden. Ich muss also nur mehr ein bis zwei Mal wöchentlich in die Schule und hab nun auch Zeit für ein „Plauscherl" mit den Kollegen, die zum Teil sehr stressgeplagt wirken. Neulich wurde ein „teacher's appreciation day" (=Wertschätzungstag für die Lehrer) gefeiert. An diesem denkwürdigen Tag sitzen die Lehrer alle vorne beisammen und werden von den Schülern „geehrt", indem sie vor den Lehrern auf die Knie rutschen und ihnen - kniend - einen kleinen Blumenstrauß überreichen. Das ist ein herrlicher thailändischer Brauch, den man unbedingt auch bei uns in Österreich oder Deutschland einführen sollte, finde ich.

Über die Weihnachtsferien bin ich mit meiner Lieblingskollegin in den Süden geflogen. Wir mussten teilweise durch über-schwemmtes Gebiet fahren, bis wir schließlich mit der Fähre die Insel Koh Samui erreichten. Leider wird auch diese schöne Palmeninsel zusehends zubetoniert und mancher Strand ver-schandelt. Wirklich schade! Was man hier neben den vielen (Hotel-)Baustellen noch beobachten kann, sind die vielen männ-lichen „Westler", die von weit herkommen, um sich mit einer hüb-schen, jungen Thai-Frau zu „vergnügen"! Oft sind es schon ältere Herren, von denen sich die Thaimädchen „finanzieren" lassen. Und manchmal sieht man sogar Herren mit Thai-Burschen oder sogenannten „Lady-men". Einige Thaimänner sehen ja aus wie Frauen und benehmen sich auch dementsprechend „lady-like". Diese sagen zur allgemeinen Verwirrung auch nicht „krab", son-dern „kha"! Bei einer abendlichen Tanzshow wurden wir zudem aufgeklärt, dass die schönen, tanzenden Frauen in Wirklichkeit Männer sind.

Nun, unsere „Vergnügungen" waren anderer Art, wie zum Bei-spiel im kristallklaren Wasser schwimmen, sich am weißen Sand-strand sonnen und massieren lassen, Thai-Boxen und Wasserfall anschauen, Feuerwerk bewundern, einen 10-Euro-Hummer und andere Meeresfrüchte schlemmen und vieles mehr.

Ja, Weihnachten und Silvester unter Palmen hat schon was! Bei-nahe hätte mich allerdings eine Kokosnuss erschlagen, die ein dressierter Affe von der Palme runter geworfen hat. Die Affen sol-len die Palmen von den Kokosnüssen befreien, indem sie diese hinunter werfen, damit niemand von den Kokosnüssen erschla-gen wird! Logisch, oder? Unseren gebuchten Tauchkurs auf der entfernten Insel Koh Tao konnten wir leider nicht absolvieren, da die Wellen zu hoch waren. So sind wir auf einer Insel dazwischen „stecken" geblieben und etwas seekrank haben wir uns dann zu einem Bungalow in der Idylle bringen lassen. Als wir die Insel namens Koh Phangan erforschen wollten, hatte ich meinen ersten Moped-Sturz. Die Lenkstange bewegte sich nämlich auf und ab anstatt hin und her. Ich erzähl euch das nur, damit ihr nicht allzu neidisch werdet.

Unsere Meereserlebnisse betreffend, bin ich in der Bibel auf die zwei folgenden Stellen gestoßen:

„Denn ich bin der Herr, euer Gott, der die Wellen des Meeres tosen lässt... Schützend halte ich meine Hand über euch!" (Jes. 51) und dann:

„Du, Herr, besänftigst das Brausen der Meere, die tosenden Wellen lässt du wieder verstummen..." (Psalm 56)

Ja, und genauso war es dann auch!

Übrigens, wisst ihr, dass die Thais eigentlich das Jahr 2547 schreiben? Um die armen Touristen nicht allzu sehr zu verwirren, haben sie aber auch noch die Zeitrechnung nach Christus.
Vielleicht kriegt ihr noch einen kleinen Rundbrief bevor ich Anfang März 2547 wieder in die heimatlichen Gefilde zurückkehre. Mal schauen.

Bis dahin: Schöne Grüße auch von unserem „Siegi-Schmiegi". Das ist der Spitzname unseres anhänglichen, zugelaufenen Hauskaters namens Siegfried.

Claudia

Entspannte Thai-Katze, die nicht gestört werden will

In ein paar Tagen ist es soweit: Am Freitag, den 5.3.2004 fliege ich nach „good old Austria" und bin dann ab 6.3. wieder in der Heimat! Jetzt geht es ans Packen.

Ich komme mit einem lachenden und einem weinenden Auge zurück, da ich in den eineinhalb Jahren Thailand viel Schönes, aber auch viel Ärgerliches erlebt habe - wie ihr ja wisst, wenn ihr brav meine Rundbriefe gelesen habt.

Was zu den neuesten und weniger angenehmen Erlebnissen gehört, ist die Tatsache, dass mir und meiner Kollegin der Mopedhelm gestohlen wurde. Es wurde ja vor kurzem die Helmpflicht in Thailand eingeführt und wahrscheinlich kann sich nicht jeder Thai einen Helm leisten. Mit Diebstahl hat es bis jetzt kein Problem gegeben. Ich habe sogar schon drei Mal irrtümlich den Schlüssel im Moped stecken lassen, ohne dass etwas passiert ist. Na ja, die Pessimisten unter euch würden sagen, vielleicht war den Thais das Moped schon zu alt. Aber es fährt noch.

Unser Vermieter hat uns auch wieder mal im Garten „besucht" und sein Auto wie üblich dort gewaschen, obwohl er inzwischen weiß, dass wir das nicht wünschen. Es sind auch schon fremde Leute bei uns eingetroffen, um sich unser Haus anzuschauen, denn der Vermieter meinte fälschlicherweise, wir würden schon im Jänner/Januar ausziehen. Den Mietvertrag hat er laut Dolmetscherin nicht mehr gefunden. Da hatten wir ja Glück, dass wir das rechtzeitig klären und im Februar noch hier bleiben konnten. Allerdings wollte er die letzte Monatsmiete noch mal schön hochschrauben. Heute kam dann ein Lastwagen durch unseren Garten gebraust, da sie hinter dem Haus noch die paar restlichen Bäume umhauen und ein Haus reinsetzen wollen. Tja, die Bauwut der Thais macht auch vor Chiang Mai nicht halt. Gerade hab ich im Reiseführer nachgelesen, dass Chiang Mai im Jahre 2002 noch 170.000 Einwohner hatte und jetzt sind es laut Reisebüro schon über eine Million! Unglaublich, oder?

Nun, neben diversen Schikanen werde ich auch die 420 (!?) verschiedenen Moskito-Arten Thailands, die ständigen Räucherungen (sprich Müllverbrennungen in den Privatgärten), die armen angeketteten, jaulenden Hunde, die lauten Lautsprecher, das gefürchtete Immigration-Office und Ähnliches nicht vermissen. Um mit dieser Behörde nicht mehr in Kontakt zu kommen, musste ich nochmals über die Grenze ans „Goldene Dreieck", das frühere Opium-Anbaugebiet, um mein Visum zu verlängern. Fast wäre dieser Tages-Ausflug umsonst gewesen, da die Computer an der Grenzbehörde plötzlich ausgefallen sind. „Leider, kein Visum möglich, wir sollen doch an einem anderen Tag wieder kommen.", so ungefähr war die Auskunft. Mein Stoßgebet wurde aber erhört und innerhalb von fünf Minuten haben die Computer wieder funktioniert. "Praise the Lord", sag ich dazu auf gut „Neudeutsch".

Abschließend haben wir unsere Fahrt noch mit einem Ausflug zu den „Long-Neck-Karen" abgerundet. Das sind burmesische „Langhals"-Frauen, die sich ihr Geld damit verdienen, indem sie sich und ihre durch Gold-Reifen gestreckten Hälse bewundern lassen. (siehe Bild) Sie nehmen die Gold-Reifen nur einmal pro Jahr oder gar nicht ab, denn sonst laufen sie Gefahr, sich das Genick zu brechen! Schon die kleinen Mädchen müssen solche Reifen tragen, um sich an das Strecken des Halses zu gewöhnen. Ein Menschenzoo, meinte meine Kollegin.

Mit einem Motorboot fuhren wir noch nach Laos, wo man in

Whiskey eingelegte Mini-Schlangen kaufen konnte. Das sei gut gegen Rheuma, ist aber tierschutzhalber verboten.

Wie ihr seht, nehmen die Kulturschocks kein Ende. Allerdings befürchte ich schon, dass ich auch eine Art Kulturschock bekomme, wenn ich wieder in Österreich/Deutschland bin. Es gibt ja einige Dinge, die ich vermissen werde: vor allem die Höflichkeit und Freundlichkeit der Thais (-Straßenverkehr ausgenommen-), die kulinarischen Köstlichkeiten (-gegrillte Insekten ausgenommen-), die schöne Landschaft, das ganzjährig warme Klima (-die schwül-heiße Zeit ausgenommen-), die billigen Preise und vieles mehr.

Jedenfalls nutze ich die mir noch bleibende Zeit in vollen Zügen mit einkaufen, essen, schwimmen, Kino gehen und hin und wieder unterrichten. Nachdem sich inzwischen drei Badeanzüge und zwei („unerlaubte") Bikinis im Poolwasser aufgelöst haben, musste ich allerdings das Schwimmen reduzieren. Grüne Haare krieg ich aber nicht mehr; vermutlich haben sie die Chemikalien im Wasser geändert.

So, das war also der letzte Rundbrief aus Thailand. Ich freu mich schon auf ein Wiedersehen mit euch. Bitte betet für einen sicheren und guten Rückflug.

Danke auch für eure lieben Mails und alle Briefe und Karten. Hat mich wirklich gefreut, von euch zu hören.

Auf ein baldiges Wiedersehen.

Claudia

Long Neck Karen beim Weben

Nachwort:

Manchmal fragt man sich, welchen Sinn Krankheiten oder negative Erlebnisse haben. Warum hat gerade mich der Dengue-Moskito erwischt und für längere Zeit „lahm gelegt"? Warum hat mich Gott nicht beschützt? Erst Jahre später erfuhr ich, dass man vom Dengue-Fieber auch sterben kann! Im Nachhinein betrachtet bin ich sogar dankbar für die „Lahmlegung" meinerseits, da ich fix geplant hätte, meinen Aufenthalt hier zu verlängern und die Weihnachtsferien 2004 wieder auf den schönen Phi Phi Inseln zu verbringen. Und ihr wisst ja, dass genau dort und genau zu der Zeit ein böser Tsunami und eines der schlimmsten Erdbeben wüteten!

So hat alles seinen Sinn im Leben.